高校公共体育教育发展与改革研究

晋 夭 著

中国原子能出版社

China Atomic Energy Press

图书在版编目（CIP）数据

高校公共体育教育发展与改革研究 / 晋天著. --北

京：中国原子能出版社，2023.11

ISBN 978-7-5221-3116-0

Ⅰ. ①高… Ⅱ. ①晋… Ⅲ. ①体育教学–教学研究–

高等学校 Ⅳ. ①G807.4

中国国家版本馆 CIP 数据核字（2023）第 226291 号

高校公共体育教育发展与改革研究

出版发行	中国原子能出版社（北京市海淀区阜成路 43 号　100048）	
责任编辑	刘东鹏	
责任印制	赵　明	
印　　刷	北京天恒嘉业印刷有限公司	
经　　销	全国新华书店	
开　　本	787 mm×1092 mm　1/16	
印　　张	12.25	
字　　数	207 千字	
版　　次	2023 年 11 月第 1 版　2023 年 11 月第 1 次印刷	
书　　号	ISBN 978-7-5221-3116-0	定　价　**72.00 元**

前　言

　　体育是学校教育的一项重要内容，在培养学生的综合素质方面有着十分重要的作用。因此，体育在各个阶段的学校教育中都始终占据着重要的位置。就高校的体育教育来说，其是对学生进行身体教育，确保学生的身心能够得到全面、健康发展的重要手段。

　　随着体育事业和教育事业的不断发展，高校体育教育正走向多元化发展的道路。加之国内外各种体育教育新观点、新理论的运用，使我国高校体育教育呈现出良好的发展局面。但我国高校体育教育也存在一些不足之处，如教育理念陈旧、教育方法落后、教育管理不全面，从而严重影响了我国高校体育教育的改革进程与发展水平。为适应现代高校体育教育发展、改革的要求，必须建立起相应的高校体育教育理论体系和教育方法体系，并促使高校体育教育管理从低级走向高级，由封闭走向开放，由单一走向多元，由局部走向整体，使高校体育教育管理成效取得重大突破。鉴于此，笔者特意撰写了本书，希望能够为大家研究此方面的课题提供借鉴。

　　本书共有八章内容。第一章作为全书开篇，对高校公共体育、高校公共体育课程、高校公共体育教育理论的相关知识进行了阐述。第二章分析高校体育教育的改革与发展现状，并提出高校公共体育教育改革的基本思路，以及国外高校体育教育发展对我国的启示。第三章至第五章分别从教育理念、教育要素、教育管理等方面阐述高校公共体育教育的改革，有助于全面提升体育教育改革效果。第六章从高校体育社团与俱乐部建设、高校校园体育文化建设、高校体育公共服务体系构建三方面阐述高校公共体育教育的拓展。第七章阐述了高校体育教师的培养与职业发展、高校大学生体育素养的培养与提升。第八章探讨了信息化时代背景、课程思政理念、终身体育视角、健康中国视域下高校公共体育教育的改革发展。总的来说，本书在吸收前人研究成果的基础上，既对高校公共体育教育的基本理论知识进行了阐述，又结合当前高校公共体育教育发展与改革的现状，对如何更好地进行高校公共体育教育改革进行了详细分析。概括言之，本书有以下几个鲜明的特点。

第一，实用性强。本书注重理论联系实际，既有前瞻性的理论探讨，又有操作性的研究，具体分析了如何对高校公共体育教育进行改革，因而有助于新时代的体育教学研究者和实施者在掌握高校公共体育教育基础理论的基础上，更有效地推进高校公共体育教育改革，以便高校公共体育教育的质量能够不断得到有效提高。

第二，具有前沿性。本书充分利用了高校公共体育教育及其改革的研究成果，并紧密结合了当前一线高校体育教师的教学实践经验，因而具有较强的前沿性。

第三，体系完整。本书主要研究高校公共体育教育的发展与改革。首先分析高校公共体育教育的基本理论，其次探讨高校公共体育教育改革的现状、方法及多方面的改革实践，总体来看，结构完整、内容丰富、层次清晰，具有较强的系统性。

本书在撰写过程中参考并借鉴了很多专家、学者的研究成果，在此表示诚挚的感谢。由于作者水平有限，书中难免有不妥与疏漏之处，敬请广大读者批判指正。

目　录

第一章　高校公共体育教育概述

我国目前的教育体制，高等学校教育是学生接受教育的最后阶段。高校公共体育是高等院校教育的重要组成部分，同时高校公共体育是学校体育和社会体育的衔接点。高校公共体育不仅对实现高等学校教育目标、培养以创新能力和实践能力为重点的全面发展的高素质人才有着重要的作用，而且对丰富文化生活和发展群众体育、实现全民健身计划及推动国家体育经济发展战略的进程都有重要的意义。

第一节　高校公共体育概述

一、高校公共体育的地位

（一）高校公共体育是国家教育事业的组成部分

我国学校体育的教育目标是执行"坚持以人为本、全面实施素质教育"国家教育战略主题，培养学生发展核心素养，促进学生全面发展，使学生成为符合时代要求的全面发展的人才。体育在培养学生创新精神、创新能力、完善人格、形成良好的学习与生活方式、社会责任、担当品质等发展核心素养方面具有其他教育内容不可替代的作用，是落实《国家中长期教育改革和发展规划纲要》素质教育战略主题的重要教育内容。教育部、发展改革委，财政部、新闻出版广电总局、体育总局、共青团中央 2015 年联合发布《关于加快发展青少年校园足球的实施意见》是落实教育部以体育教育为平台推动素质教育构思的具体措施，也充分体现了体育教育在教育中的重要地位。因此高校公共体育不仅是高等教育的重要组成部分，也是我国教育事业的一项重要组成部分。

（二）高校公共体育是国民体育的基础

中共中央《关于进一步发展体育运动的通知》中指出："重点抓好学校体育，把学校体育作为发展体育事业的战略重点。"因此，搞好学校体育不仅是学校体育发展的需要，也是我国体育事业发展的需要，学校体育是国民体育的基础。学校体育对促进民族健康、提高民族素质、发现和培养体育后备人才有重要的意义。

（三）高校公共体育在体质提升中的地位

为适应核心素养的发展需要，学校体育改革日益呈现多元化倾向。学校体育思想向终身体育、快乐体育等方面转化；体育教学目标向生理性发展、认知性发展等目标转化；教学内容向民族性、竞技性、健美性方向探索。这些转化性探索为新世纪学校体育体系创造了条件。体质是学习、工作和幸福生活的重要基础。因此，健康体魄是大学生为祖国服务的前提，是民族旺盛生命力的体现。学生身体素质及健康状况的恶化，尤其是肌肉耐力及力量的降低已经困扰着当代大学生。学生耐力素质降低幅度较大，而大学对训练耐力的运动通常不太感兴趣，而且，以往学生对耐力训练科目也并不上心。因此，大学教师要转换思想、深化教育改革，要参考学生体质健康情况，重点挑选运动负荷适中、可提升学生身体素质的体育活动，增强学生心肺机能。

二、高校公共体育的作用

（一）激发"运动兴趣"，培养终身意识

兴趣是最好的老师，直接影响学生的行为和效果。学生能否通过体育课程和课外活动养成体育锻炼的习惯，兴趣发挥着重要作用。传统的体育课在激发学生体育兴趣方面存在不足，在今后的课程改革中这方面要加大力度。大学生毕业后大部分将迈入社会，促进大学生坚持锻炼并成为体育人口，大学公共体育教育责无旁贷。

（二）促进"健全人格"，倡导全面发展

体育不只是强壮筋骨，还是塑造品格的过程。更长远而言，体育能拓展一个人的见识，增加生命的长度与厚度，能提升人的动商和生命质量。"立德树人"这一方针赋予教师更多责任，要求教师在体育教学、课外活动、业余运动训练和竞赛中时时刻刻注意此项思想内容。体育教师在体育课的内容选择、教法手段的使用、成绩考评，以及课外活动组织、运动训练开展中，都应把"完善人格"的理念落到实处。通过体育活动的开展，增强学生的组织纪律性，培养学生热爱祖国、热爱集体、团结友爱、互相协作、服务社会的品质及勇敢顽强、拼搏进取的精神，激励学生勤奋学习，勇攀高峰、勇于拼搏，勇于竞争。

（三）注重"核心素养"，服务社会发展

在传统学校教育模式下，学生被视为接受的机器，学生在教育中始终属于完全被动的、被塑造的对象。在体育教学中，学生也完全是被动地按照教师的安排进行练习并掌握动作。由于不重视学生的感受和体验，这种教学方式很容易让学生感到厌倦和反感。在知识经济的今天，社会对人才有了更高的要求，它需要具有创造性的人才，需要能够挖掘每个人自身潜在的能力。体育教育要十分关注学生的核心素养，从课程的设计到教学的评价，都应从有利于学生的积极、全面发展出发，要求教师在体育课教学等体育活动中特别注意学生的主体地位，充分发掘其潜能，从而服务社会发展。

第二节　高校公共体育课程设置及发展

一、高校公共体育课程的设置

自改革开放以来，高校公共体育课程体系经过了几次重大的改革，从课程设置到教学内容都在不断地优化和调整过程中。一般的高校公共体育课程

分为公共学位课、公共选修课、专业基础课、专业选修课、专业方向课和其他培养环节。体育课程一般分为必修课和选修课。

与其他学科不同的是，体育课不仅需要思考，还需要身体直接参与练习，是脑力与体力的协调合作。体育课需要通过一定的技能练习来达到教学目的，而且运动技能的练习占据体育全部课程很大的比重。但是，也有相当大部分学校对理论讲解的内容过多，而实践课相对较少，这是需要提出和改进的地方。理论课固然重要，但是即便是体育专业的学生，终归要在实践中教学和讲解，因此要回归体育的本质，要以身体的参与为主。

对于非体育专业的高校公共体育课程的学时设置基本相似。而对于体育专业的高校公共体育课程设置，在分配学时时要注意科学合理、均衡分配。一般的学位课程的学时为 270 个课时左右，每门专业核心课程开设 1 个学期或者 2 个学期。如果学时设置过少，那么学时的专业知识和专业技能学习很可能会中流于表面，而达不到应有的深度和高度。一般选修课课程的学时控制在一个学期之内即可。

目前我国很多高校的公共体育课程仍然存在着内容不完善的情况，集中表现在课程内容具有局限性、针对性不强等方面。我们平时常见的一些球类运动受到绝大多数学生的青睐，选择此类课程的学生人数是最多的。而像那些传统体育课程，尤其是民族传统体育课程，很少有学生关注和选择。绝大多数的学校普遍以体育保健为主要教学内容。另外，运动项目技术动作和规则，体育文化，体育宗旨和功能等方面也占据一定的比例。在具体的授课过程中，存在着重实践、轻理论的情况，这对于学生能否合理地参加体育运动锻炼，形成终身体育的意识和习惯造成了不良影响。因此，进一步充实体育课程内容层次，丰富体育课程内容体系是至关重要的。

二、高校公共体育课程的发展

"创新"是当前时代发展的主旋律。因此，我们的高校公共体育教学也应该紧紧围绕创新理念加强教学体系和课程设置的建设。高校是为国家和社会培养人才的重地，是决定着国家未来发展的关键因素。

只有教育真正做到与时俱进地发展，才能培养出符合时代发展所要求的人才。尤其我国近几十年来发展迅速，在很多方面都产生翻天覆地的变化，无论是经济、科技、军事，还是文化、社会、教育，都在时代巨大而无形的推力之下，不断地调整自身定位与发展方向，尽管已经取得了一定的成绩，但是显然还有很大的提升空间。与其他领域不同的是，教育要具有一定的前瞻性，必须始终着眼未来的趋势，结合对当下的发展进行合理判断，培养出具有扎实的专业能力、创新能力和多元的文化视野的复合型人才。就目前来看，我们教育改革的动作还不够有魄力，我们的体育专业还显得相对单一，在人才输出方面还不能完全满足社会的实际需求。因此，有必要做出进一步的发展规划，面临时代提出的新的挑战，高校的体育在课程设置方面需要做好以下几方面的改革与创新。

（一）明确公共体育课程结构

课程内容一般都是按照一定标准选择和一定规律组织起来的，其中所包含的各种内部关系就是所谓的课程结构，具体表现为课程的比重、课程内容的排序及不同课程之间的联系和渗透。公共体育课程目标能否实现，课程任务能否完成，一定程度上受到课程结构设置情况的影响。在公共体育课程结构设置中，要注意将校内、校外有机联系起来，以此满足教学需要，实现最佳教学效果，最大程度地促进学生体质的改善和运动技能的提高。

校内公共体育课程主要传授体育知识和运动技术，为学生打下良好的体育理论基础和技能基础，使学生掌握体育运动的知识和参与方法，为终身体育锻炼做准备。在选择校内公共体育课程内容时，应以体育与健康的基础知识和常见运动项目的技术技能为主。

校外公共体育课程是校内公共体育课程的延伸和拓展，在设置校外公共体育课程内容时，要尽可能让学生接触社会，与社会的互动更多一些，联系更紧密一些，以促进学生社会适应能力的提升。比如，可以设置拓展训练、定向运动、攀岩等课程，从而培养学生的探索能力和坚强的意志品质，促进不同学生对体育运动需求的满足。

此外，无论是校内公共体育课程还是校外公共体育课程，都应该创新教学组织形式，打破传统课堂模式，利用信息化教育技术打造网络教学平台，为学生开发能够自主获取和运用的学习资源，使学生时时刻刻都能上体育课，学习体育知识和技能。

（二）加强公共体育课程资源开发

在高校公共体育课程设置中，开发公共体育课程资源是不可缺少的一环，体育基础设施、体育教师、体育教材等是公共体育课程资源体系中非常重要的组成部分，开发这几类课程资源尤为重要，下面进行简要分析。

首先，公共体育课程的实施是以体育设施为物质基础的，高校要从体育教学需要出发，加大体育基础设施建设力度，兴建体育场馆，对已有设施进行维护与更新，加强设施管理，延长设施的使用寿命，提升其利用率，从而优化体育教学物质环境。

其次，作为公共体育课程的执行者，体育教师的教学能力、综合素质对公共体育课程实施的质量和效果有直接的影响，甚至是决定性的影响。为促进公共体育课程顺利实施，最终取得良好的课程效果，有必要提升体育教师的业务能力和综合素质。高校在教育学生的同时也要注重对在职体育教师的培训，并积极引进优秀的体育教师资源，不断完善学校体育教师队伍的年龄结构、性别结构和学历、职称结构，打造优秀的、一专多能的教师队伍，使体育教师在自己的岗位上发光发热，为公共体育课程建设与教学工作贡献力量。

最后，体育教材是公共体育课程的载体，其内容是公共体育课程的核心，体育教材质量影响着公共体育课程的质量。所以，在体育教材编写和审定工作中，应根据各高校的体育教学需求，自编或引进国家规划教材，拒绝低质量的体育教材引入高校，实现体育教学效果最大化。

（三）将高校体育与思政教育相融合

体育是健康教育和综合素质教育的统一体，是高校培养全面发展人才的重要途径。体育是高校教育的重要组成部分，也是学生喜爱的课程，通过体育教学既要培养学生的健康体质，又要培养学生的综合素质。因而，高校公共体育课程目标可分为认知目标、身心健康目标、知识与技能目标、情感与价值观目标、社会适应目标等多个维度。认知目标主要是要提高大学生对体育的认知能力；身心健康目标主要是要提升大学生的身心健康水平；知识与技能目标主要就是通过传授体育知识与技能，培养大学生的体育基本素养；情感与价值观目标主要培养大学生的良好学习态度、正确价值观；社会适应目标旨在提升大学生的社会交往能力和适应能力。这些多维目标尤其是心理健康目标、情感与价值观目标、社会适应目标与思想政治教育目标有相通之处，如培养大学生积极乐观的生活态度、顽强拼搏的精神、公平竞争的体育道德素质、团结协作的能力、协调人际关系的能力、良好的行为习惯等。鉴于高校公共体育课程目标与思政教育目标在某些领域如出一辙，为更好地实现公共体育课程的多维育人目标，需将高校体育与思政教育相融合，在公共体育课程实施中树立课程思政理念，挖掘公共体育课程本身所具有的思政教育资源，在课程实施中渗透思政教育。

（四）关注培养学生的核心素养

核心素养是多维度的一个概念，由多种关键素养构成，包含知识、能力、情感、态度及价值观等多元层面。它们具有整体性，如果把它们孤立分开培养，那么是不能形成社会所需要的核心素养，只有把它们结合起来，使之形成合力，才能形成我们所需要的核心素养。

学生核心素养必然是与"学生"这一特殊角色密切相关的概念。首先，从内容角度上讲，学生核心素养是其完成学业、适应未来社会、促进个人全面发展关键素养的集合。因此，它与公民核心素养不同，只包含与其学生这一身份相关的核心素养，这样才能避免研究的宽泛性，使学生核心素养更有针对性、更具有实践意义。其次，从覆盖范围角度看，它不但包含学习领域，而且还包括未来职业领域，以及与职业发展相关的生活领域。

在高校公共体育课程设置中主要培养的是学生的体育核心素养，包括身体素养、技能素养、认知素养、情感素养和社会素养，也就是说，要通过公共体育课程教育，全面培养大学生的健康体质、运动技能、认知能力、体育情感和体育精神，以及社会适应能力，进而实现全面育人。

第三节 高校公共体育教育理论

一、高校公共体育教育的指导思想

（一）健康第一指导思想

在时代不断进步、经济迅猛发展的今天，我国对人才的需求越来越严格，对全面型人才的需求持续增加，因此高等教育在培养人才方面越来越注重全面发展。大学生作为国家的栋梁和民族的希望，承担着一定的学习压力，他们常常没有多余的时间参加体育锻炼，最终造成了体质健康水平逐渐下降的现状。而且很多高校对体育教育不太重视，对课外体育活动的举办也没有给予足够的支持与鼓励，而且组织体能测试也只是表面工作，所以大学生的健康无法得到有效的保障。健康是奋斗的"本钱"，如果大学生身心不健康，是没有精力奋斗的，最终也没有能力为祖国建设贡献力量。为了更好地培养全面型人才，推动国家现代化建设，高校要确立"健康第一"的教学思想，在这一教学指导思想下制定体育课程教学方案，加强体育课程改革与创新，高度重视在高校公共体育教育中对大学生健康体质的培养，为国家培养身心健康、全面发展的栋梁之材。

（二）人本教育指导思想

人本主义理论的核心思想是，我们要以人性为中心来探讨技术性因素的发展，然后促进人与自然环境、社会环境的和谐发展。人本主义思想体现了对人性、个性的尊重，对促进人的全面发展具有重要意义。现在，人本主义理论受到了广泛的认可，在很多领域都树立了该理念，在这一思想的指导下开展工作，教育领域同样如此。将人本主义理念引进教育领域，将该理念的核心思想与教育的特征相结合，从而形成了人本教育思想。

人本教育理念的基本思想是，教育活动是围绕学生这个核心而展开的，应该将教学活动的中心定位在学生角色上，而不是教师，要围绕学生这个中心角色的兴趣爱好、个性需求而设置课程，实施教学过程，要根据不同学生的不同情况而进行区别化、个性化教学，要将所有学生的潜能充分激发出来，促进每个学生健康与发展。

总的来说，人本教育思想尊重人的本质属性，并由此出发通过科学教育来满足人们的心理需求，实现人的个性化发展目标，促进人生命质量的提升，从一定程度上而言，这与全面发展的教育思想是非常契合的。

（三）快乐教学指导思想

体育教育如果缺少了乐趣，单纯严肃地讲解知识，传授技能，那么学生就会在漫长的、枯燥的教学中失去兴趣，最终影响教学质量。可见，开发体育教育中的趣味元素，或将趣味元素融入体育课堂，提高教学的趣味性非常重要。这就需要在高校公共体育教育中树立快乐教学思想，强调培养学生体育兴趣和创造力的重要性，让学生的身体素质、运动能力在充满趣味、轻松活泼的氛围中得到提升。

在高校公共体育教育中确立快乐教学指导思想，要求体育老师将原来运动教学中的一部分用情感教学替代，在培养学生健康体质、运动技能的同时注重学生人格的培养与健全，同时要使学生树立自觉学习、乐于学习的学习观，在体育学习过程中享受乐趣，领悟奥妙。为了提高体育教育的趣味性，激发学生的学习兴趣，体育教师还要重视对传统教学方法的改革，适当设计一些游戏教学方法来活跃课堂氛围。

（四）终身体育指导思想

人们在任何时间和地点都能根据自身实际情况和现实需要而从事适宜的体育锻炼活动，这就是一般意义上的"终身体育"理念。终身体育包括学校体育、家庭体育、社会体育，这是从终身体育的构成空间上而言的，也有相应的构成人群，各个空间的所有人群都应该具备一定的锻炼能力，养成良好的锻炼习惯，这些都是终身体育的重要组成要素。不管是学校体育，家庭体育，还是社会体育，都充分彰显了体育运动的重要价值，如强身健体、愉悦身心、陶冶情操、防治疾病、延年益寿、社会交往等。鉴于体育运动对人的一生都有重要意义，高校公共体育教育必须确立终身体育指导思想，构建终身体育教学体系，促进体育教育的深化与拓展，使体育运动伴随学生的一生，为学生的健康提供终身保障。

二、高校公共体育教育的基本原则

（一）适量性原则

适量性原则是指在高校公共体育教育中有意识地控制练习时间、强度和密度，防止过大的运动负荷造成学生过度疲劳或受伤。一定要在安全的前提下进行教学，在运动负荷的安排中遵循适量性原则，防止学生过度疲劳或过度兴奋，以免影响身心健康。公共体育教育的形式、内容、运动负荷都要符合适量性要求，在教学实施过程中具体要注意如下几点。

1. 合理调节负荷、节奏

根据学生的认知能力，一般在课堂教学前半部分可安排有一定认知难度的内容，比如新的或较难的动作，而后半部分则以难度较小或带有复习性质的内容。这样既保证了学生可以学习新内容，同时难度又不会过大，以免导致学生产生畏难情绪。从学生的情绪来看，应遵循循序渐进的原则来安排运动负荷，如果开始就安排让学生情绪过度兴奋的内容，会影响新动作的学习和掌握，因此，可以在后半部分适当地让学生的情绪释放，自由练习。

2. 科学安排时间

在高校公共体育教育过程中，教师要对教学时间有合理的把握，包括教师讲解和示范时间的比例要适当，如果时间太短，学生还不能完全理解，如果时间太长，学生的注意力容易转移。

3. 课前做好准备工作

体育教育实践课多是在户外进行，这需要教师提前对天气情况有所了解，同时还要确保场地和相应设施的完善，这些都要求教师在课前做好充分的准备工作。此外，教师还要根据季节和气温情况调整教学中的运动负荷。在炎热的夏季避开日照强烈的时间段，选择活动量小的内容；在寒冷的冬季可适当增加练习密度和运动负荷。

（二）差异性原则

差异性原则是指，高校体育教师在体育教育过程中要充分考虑学生的个体差异。因为学生体质健康水平、运动基础、学习能力等存在差异，所以不适合采用一刀切的教学方法。体育教师要根据学生的个体差异程度采取不同的教学方法，对不同水平的学生进行不同的指导，做到因材施教。这就要求体育教师要具有丰富的教学经验，对学生的身心发育规律、体能差异、运动水平差异有一定的了解和掌握，并能够敏锐地观察每个学生在体育课程学习中的表现，进行适时的、正确的引导。

（三）启发创造原则

在高校公共体育教育中，教师不仅要传授体育与健康知识、体育专项技能，培养学生的体育理论素养与运动能力，还要开发学生的智力，培养学生的意志品质，丰富学生的情感，提升学生的创造力。要完成这些培养目标，就要贯彻启发创造原则，在教学过程中创设情境，设计问题，鼓励学生自主思考，独立或合作解决问题。这也是素质教育的要求。

在高校公共体育教育中贯彻启发创造原则，要做到以下几点要求。

（1）将学生的学习动机和热情激发出来，培养学生探索与创新的积极性。

（2）将培养学生的思维能力作为教学目标之一。

（3）设置适宜的、能够启发学生自觉思考的问题情境。

（四）师生协同原则

在高校公共体育教育中，教师的教与学生的学密切相关，相互影响，相互作用，整个教学过程也可以看作是教师与学生频繁互动、协同完成教学任务的过程。鉴于公共体育教育的这一特征，在教学中贯彻师生协同原则非常必要。在高校公共体育教育中，既要承认与尊重教师的主导地位，也要高度重视与尊重学生的主体地位，体育教师发挥的主导作用与学生主体的能动性相互促进与协调，要特别强调学生发挥主观能动性对提高教学效果的重要性。

在高校公共体育教育中贯彻师生协同原则，要做到以下几点要求。

（1）体育教师与教学对象之间要建立良好的关系。

（2）体育教师要使学生掌握适合自己的学习方式，将其学习的主动性与积极性调动起来。

（3）教学生动有趣，氛围和谐活泼，师生互动体现出民主性。

（4）师生平等对话，提高互动质量。

（五）兴趣原则

在高校公共体育教育中，要格外重视学生的兴趣表现。一般而言，学生对外界充满好奇心，愿意探索新奇的事物，兴趣是他们最大的动力。但是由于每个学生都具有一定的天性差异，有的喜欢偏游戏类的体育活动，有的更喜欢攻守激烈的竞技体育活动。这就需要教师在调动学生兴趣爱好、尊重学生个人兴趣的基础上，根据学生的兴趣爱好进行教学，这有助于充分调动学生学习的积极性和主动性。

（六）从实际出发原则

从实际出发原则是指教师在开展体育教育时，应该根据实际情况灵活地安排对学生发展最为有利的教学内容。比如，按照教案的安排，一节课有几个简单的技术，但是如果学生对该动作都已经非常熟悉，失去新鲜感和热情的话，教师应根据实际情况迅速作出相应调整，通过增加或降低难度、调整教学内容、变化教学方法等方式进行相应的变动与创新，选择最能激发学生参与热情的方式进行教学。因为只有学生全身心参与，才能获得良好的教学效果，真正使学生受益。

第二章　高校公共体育教育的发展现状与改革思考

在国家推行教育改革的工作过程中，高校公共体育教育积极响应，在很多方面都取得了一定的进展，然而，由于一定的历史原因和客观原因，以及体育教学本身的特殊性，至今还存在着较为普遍和明显的问题，在一定的程度上制约了我国体育教育的快速发展，这是我们接下来需要积极思考和行动的地方。

体育教学的教学模式是体育教师将体育知识与技能传达给学生的注意途径，也是教学改革的最佳切入点。伴随着教育的现代化及教学改革的进程，很多传统的模式和手段已经与社会脱节，也提不起学生的学习兴趣，会明显地制约教学工作的发展，因此应该尽快进行改革和创新。对体育教学方法进行改革的过程中，所有的体育教师都应该积极摸索和尝试，寻求更加科学有效的教学方法，同时，还要注意它是否与当下社会的发展相一致，是否是学生愿意亲近的教学方法，以及是否具有时代感等，从而真正做到从各个方面都以学生为主体，全力推进高校教育改革工作的深化。

第一节　高校公共体育的改革

一、高校公共体育教育改革的意义

（一）全面改善体育教学质量

1. 以"健康第一"为指导思想

以学生的身体健康为指导思想，是对体育教学根本目的的再一次明确和加强。体育教学不是为了考试和"达标"，而是为了提高学生的身心健康水平，为了培养学生的健康意识和运动技能，为了终身体育打好基础。国家目前加大高校体育教学改革的力度，特别强调不能流于形式和标准，应该切实做到以促进学生整体健康水平为目标，保证学生在身体、心理、社会等几个维度同时健康发展。并且加强了与其他学科的融入，包括心理、生理、环境、社会、营养、保健等，构建出以技能、认知、情感、行为等多方面、多角度训练的课程结构。

关心学生的健康，就要全面地、真正对关注学生各方面的发展需要，而不是削足适履式地以"标准"和"达标"为衡量标准。高校应该从关切学生的饮食、生活习惯、锻炼频率和锻炼偏好等多个角度进行调研，始终以增进学生身心健康为教学的核心目标。

2. 打破旧的体育教学模式

推进和深化教育改革的过程中，必然包含着改革那些已经不再符合时代发展需要的教学模式。高校的体育教学相对其他学科而言，总体上表现为教学模式单一、乏味，与正处于青年时期的学生的身心发展并不相符，因此难以满足同学们对体育运动的需要。改变教学模式是高校体育教学改革的重点部分，也是改进高校体育教学效率的关键所在。

在重新构建教学模式的过程中，要重视学生的个体差异、条件差异、兴趣差异等问题，避免一概而论、一刀切式的简单粗糙的理念。

3. 建立更有效的体育评价体系

建立科学有效的体育评价体系也是高校体育教学改革的重要内容。在建立评价体系的过程中，我们要侧重于学生学习成绩评定形式的研究，在评价学生成绩时，除了身体素质外，还要考虑学生的出勤、态度、创新、自我锻炼的能力、进步的速度等因素。积极寻求先进的信息技术，借助高超的设备设施，搜集和分析学生在一定时期内运动、饮食、与身体各项重要指标之间的关系，帮助学生直观地认识到运动的积极反馈，并培养科学的健身意识和健康观念。通过构建科学有效的体育评价体系，摆脱了原来形式化的"达标式"考核，而是真正地激发学生进行体育运动的主动性和积极性，从"要我学"的消极心态转变为"我要学"的积极心态。

4. 深化课程结构和内容

利用各种因素、手段对体育课程进行深化改革。从关注学生的个体差异和个体需求出发，制定符合教学改革指导思想的新型体育课程结构和内容。比如，新的教学大纲增加了选修课的比例，更加尊重学生的学习意愿，给了学生更大的自主学习空间。和必修课相比，选修课具有较大的灵活性和扩展性，能够根据学生的不同情况和学习需要随时做出调整。

另外，在设计课程结构时，加强对单个项目课程的层次性设计。这样，让不同身体条件、不同个性特征、不同学习需求的人都能够找到适合的自己的学习步骤。

5. 注重学生心理和社会适应能力的培养

改革后的体育教学更加强调对提高学生的自信、意志品质的目的要求，并进一步培养学生掌握调控自己情绪的能力，识别和理解自己心理状态的发生机制，从而对学生的成长、技能培养、人际交往以及社会适应方面都产生积极意义。课堂教学的时间和课程都是十分有限的，因此更重要的是培养学生的能力迁移能力，把在体育课堂上学习的协同合作、竞争意识、沟通能力、影响力、领导力、责任感等等能够在日后的社会生活中得以运用，使自己终身受益。

（二）有利于终身体育的形成

1. 促进学生终身体育的意识形成

高校体育教学是大学生进入社会之前的最后一个接受集体体育教育，因而它具有多重意义和作用。通过学校的体育教学，可以培养学生根据自身的体育需求作为出发点，在具体的实践过程中集中精力发展自己的兴趣，有针对性、有目标、有重点地进行学习和训练。而教师的主要任务是协助和辅导学生的学习过程，把主导权交给学生，这样才有助于学生自发自觉地参加体育运动，从培养兴趣的角度出发，有利于提高学生的学习积极性，从而对培育终身体育意识具有重要意义。

2. 培养学生的终身体育习惯

运动意识的形成是与运动习惯息息相关的。通过教学改革，在教学目标、教学模式、教学方法等方面都更加有助于学生形成终身体育的意识。与此同时，学校还要从校园体育文化、校园体育设施、校园体育活动等多个方面加强健身，为学生进行体育锻炼塑造有利的文化氛围和环境条件。体育教师也应该及时调整自身的定位，从原来的单向输出，逐渐转变为与学生平等地交流和沟通，以为他们提供最专业的体育指导为主要目标。体育教师还要不断提高自身的专业素质，不断提高自身的综合素质，以适应社会发展对体育教师的需要。只有这样，才能应对学生在发展体育兴趣和体育技能时提出的各种问题，师生间形成有效的互动模式。同时，体育教师还应发挥良好的榜样作用，坚持体育运动和锻炼，保持健康良好的身体素质，用行动引导和影响学生也逐渐养成终身体育的习惯。总之，高校的教育教学应以终身体育作为教学目标，让学生切实体验到体育运动的乐趣和益处，从而自发地进行终身体育活动。

二、高校公共体育教育改革的必要性

高校体育教学改革顺应时代发展的需要，是促进国家进步富强的必然选择。高校最根本的使命是为国家培养人才，高校的教育直接决定了国家人才的素质水平。而高校体育的教学质量塑造着人才的身体素质和精神品质。因此，高校体育教学的改革具有诸多的必要性。

（一）有利于促进学生的全面成长

高校体育教学改革有利于学生的全面成长。传统的高校体育教学发展缓慢，一直存在着很多弊端，制约着学生的全面发展。比如，传统教学轻素质、重成绩，是很多学校在实施教学活动时，把通过考试和成绩达标作为指导教学的唯一目标。全然简化了高校体育教学的意义和作用，也完全忽略了青年学生对体育运动的个性化需求。随着国家教育改革力度的加强，高校体育教学顺势进行了全面且深入的改革，严格遵守以发展学生的身心健康为指导思想，以学生为教学主体，彻底扭转传统的体育教学观念。为学生的全面成长做出努力。

（二）有助于增进师生间的有效互动

现代教育理念主张，教学活动是一个双向的过程，是教师和学生的互动的过程，是师生在良性互动间逐渐发展和提高教学内容的过程。而传统的教学一直都是以教师单方面的灌输为主，在很大程度上扼杀了学生的求知欲望，压抑了学生主动探索的热情。而随着高校教育改革的不断推进，逐渐转变为教师引导学生，学生主动发展自己的个性特长，教师主要作为一个指导者、鼓励者和监督者的角色出现，这一形式的转变极大地改变了原有的僵化的教学模式。从原来的教师主导，转变为现在的以学生主导；从原来的教师高高在上的情形，转变为师生平等对话的轻松氛围。因此，学生更乐于向教师请教，教师也放下架子更具亲和力。

成功的教学必须是建立在师生之间关系融洽的基础上的。只有教师真正做到观念转变，并在教学过程中突出学生的主体性，和他们平等交流与探讨，学生才会感受到学习的乐趣，提升学习的主动性、充分发挥潜能。这种平等融洽的师生关系，能够最大限度地挖掘学生的潜力，改善教学效果。

（三）有利于现代教育技术的推进

当教育理念更为贴近学生的实际需要，教学模式更有助于师生间建立互信互赖的稳定关系，教学内容更加符合学生的个性化特征，那么高校的体育教学活动将进入非常高效的良性循环状态。同时，随着现代教育技术在我国的普遍推进，良好的教学观念、师生关系及先进的教育技术将共同构成更为理想的高校教育生态，从而为我国的教育改革带来量的增长和质的飞跃，为国家培养优秀的人才做好准备。

第二节 高校公共体育教育发展现状

一、高校体育教学资源的现状

高校体育教育资源包括高校所拥有的，以发展学生体质、增进学生运动水平、有助于提高学生体育基本知识为目标的所有有形和无形的资源。即开展体育教学和体育运动所利用的各类条件和要素。

（一）场地和设备设施

最主要的场地设施包括体育馆、体育场、足球场、篮球场、游泳馆、网球场、游泳池及相应的各种体育器材等。值得注意的是，不同等级的高校，以及处在不同地区的高校在场地和硬件设施方面存在着较大的差异。一方面，是由于地理位置所限，只能建设和发展适合当地气候环境特色的运动项目；另一方面，受到当地经济发展水平的影响，在经济落后地区，学校的硬件设施建设普遍较为落后和陈旧，或年久失修或处于荒废状况。

高校体育的理论教学环节相对薄弱，很多高校没有配套的电化教室和教材，只是由体育教师进行简单的口头讲述。这显然是不够的，也无法实现让学生理论和实践水平相辅相成、同步提高的教学目标。

很多高校虽然已经开始意识到这一问题，但仍然难以改变将体育作为一门"副科"来看待的观念。与学校其他专业开始使用先进的教学设备和器材时，体育的教学依然使用陈旧的场地和器材，使很多新型课程和活动项目难以开展。

体育教学是一个实践的过程，因此对场地和设施的依赖性比较高。如果要提高高校的体育教学水平，需要从最基础的硬件设施建设开始，以现行的体育教育目标为依据，进行硬件资源的优化配置是具有一定现实意义的。

（二）人力资源

教育活动最主要的途径还是人际之间的传播，因此人力资源的水平将直接决定着教育的效果。我国高校的体育教师水平差距较大，素质发展参差不齐。就当前的情况来看，体育教师群体比较容易满足于现状，缺乏主动求新求变的意识，教案更新不及时，上课趋于循规蹈矩。如果教师群体都普遍缺乏创新思维、创意精神、创新思维和创新能力，将无法顺利、正常地开展创新教育。

总之，我国高校的人力资源水平还有很大的提升空间，首先需要从思想意识方面对广大的高校体育教师加强再教育。特别是年轻的体育教师，他们未来的职业发展还有漫长的道路，应该把个人成长和职业发展密切结合，积极主动地扩展自己的视野，丰富知识面，热切关注体育前沿，尤其是自己专业相关领域的最新进展，不断更新自己的认知水平，全身心地投入教育事业中。

二、高校体育教学模式的现状

（一）教学模式

教学模式是构成课程、课业、选择教材、提示教师活动的一种范例或计划，具有一定理论逻辑轮廓，是教学过程中的重要依据。它是保证教学目标相对稳定完成的要求下，而构建的一种教学结构，它具有相似性、完整性、直观性和假设性的特点。虽然既定的教学模式不能适合所有学生的学习需要，因为不同的学生具有不同的特性，但是，一定的教学模式是保证教学质量、完成一定教学目标有效手段。教学模式是由一定的教学思想或理论来作指导，以教学方法、教学目标、教学内容、教学流程构成了比较稳定的教学体系。

就目前我国高校体育教学的情况来看，教学模式比较单一保守，缺乏突破与创新。体育教学应该是所有学科中最具有活力的科目，应该是引导和激发学生释放激情与创造力的地方。而过于单调乏味的教学模式显然会禁锢学生天性的发挥，不能达到理想的教学效果。

（二）教学目标

教学目标是教学模式的核心因素，因为所有教学模式的最终目的都是为实现教学目标而设计的。衡量教学模式的优劣，需要和教学目标一起辩证地看待。是教学目的决定和影响着教学模式的策略和流程。不同的阶段具有不同的教学目标，对应的也会选择不同的教学模式。比如，如果高校的体育教学是以培养学生的终身体育意识为目标，那么会更加注重思想意识的熏陶；如果是以培养对专项运动的兴趣爱好为目标，那么教学模式的设计会侧重在专项技术方面的教学。因此，确定教学目标是首要任务。

（三）指导思想

体育教学的指导思想是体育教学模式的基础。它可以指导和帮助老师选择教学内容和教学方法。例如，快乐体育教学模式的指导思想就是"快乐"，根据这个中心思想在设计教学主题和内容时，可以大量地引入游戏环节，寓教于乐，让学生在轻松愉快的氛围下进行体育锻炼，感受体育精神。

三、高校体育教学方法的现状

就当前的情况来看，我国高校大多数还在沿用传统的体育教学方法，即以教师的讲解和示范为主，学生分组练习为辅，虽然这种教学方式具有普遍的实用性，但是不得不承认，在社会迅速发展、经济人文都在快速迭代的当下，依然使用最原始的教学方法是不能满足社会发展需要的。另外，枯燥单一的教学方式很容易使学生丧失学习兴趣，应付了事。尤其是大学生，他们不像少年儿童还处于欢脱好动的年龄段，总是能在体育课上找到乐趣。而高校的体育教学如果继续采用落后的教学手段，难以调动起大学生的参与热情，使体育课变成一堂"放松休闲课"，则违背了高校体育教学的初衷，也不利于大学生的身心发展。对于高校的体育课，应该设置更为复杂的竞赛环节，充分地激发出学生的竞争意识，主动地进行训练、学习技能，不断提高运动水平，从而达到最终的教学效果。

四、高校体育教学评价的现状

高校体育教学的教学评价系统比较简单，评价标准也较为单一，这很难满足同学们日益增强的运动水平和体育知识。我们国家推出的体育锻炼标准应该作为高校进行教学评价的总的指导性纲领，而不应该作为唯一的执行标准。教学评价应该紧紧围绕着教学过程而设计的，而"一刀切"的评价方式，过于模糊和泛化，看不到学生在达标过程中的努力，容易使学生感到失望，从而对体育产生抵触情绪。因此，教学评价应该是动态的、系统的，能够反映出学生每一个阶段的努力情况和进步情况。

我国高校体育教学中存在的问题比较明显，也具有较强的普遍性。其中以教学目标单一、教学模式僵化最为突出。这主要是由于长期受到传统教育思想的禁锢，学校和教师也缺乏强烈的革新意识，社会的进步，时代在变迁，而我们的高校体育教学却仍然缓慢地自然发展，这不仅是对国家教育资源的浪费，而且也制约了学生的发展。因此，应该加强推进我国的高校体育教学改革进程，从而使我国体育教学的发展与社会发展需要、经济发展需要相适宜。

第三节　高校公共体育教育改革的基本思路

一、转变高校公共体育教学观念

教育的改革必然先从观念的改革做起。要培养出适应现代社会需要的创新型高素质人才，高校体育教学必须紧跟时代发展的步伐，转变传统的教学观念，以现代体育教学理念为指导，体现在以下两个观念上的转变。

（一）由"体能型"向"素质型"的教学观念转变

当前，我国部分高校仍然奉行体能型的体育教学观念，其主要特点是强行向学生灌输枯燥乏味的体育知识技能，教育互动形成形式化和僵化的特点。以教师为中心开展大量的体能教学训练课程，把体育课简化为体能训练课，学生在教学中完全处于被动接受的地位，而主动探索的热情和积极性被严重抑制了，这无法适应当今社会对高校体育教学的需求。因此，必须转变观念，推动体育教学观念的发展与创新，将体能型体育教学转变为素质型体育教育。我国推行素质教育已久，但是仍然难以彻底执行，这主要是由于传统观念在发挥着消极作用。与教学方法、教学模式和教学内容不同的是，教学观念的改变并非一朝一夕就能完成，它需要一定的时间，需要让人们逐渐理解和接受新观念，然后才能替代旧有的观念。因此，要想彻底有效地推进高校体育教育改革，必须首先从转变教学观念开始。

具体而言，在体育教学实践中应尊重学生的兴趣需求，以学生为主体，充分调动学生的主观能动性。以发展学生的素质为出发点和目标，尊重不同的个性，充分考虑学生的成长与需求，理解当代大学生的时代特性。在此基础上，按照学生的兴趣爱好去实施教学活动。教师要以开发学生潜力和特长为主要目标，要着眼于激发学生的学习兴趣，鼓励学生自觉主动地运用已有的知识技能去解决体育学习方面的实际问题，去探索更广泛、更深入的专业问题，并且能体验到体育课的乐趣，最终形成素质教育的良性循环。

（二）由"经验型"向"科研型"的教学观念转变

所谓经验型体育教学观念，是指以传统体能训练为主要教学手段，通过对学生开展体能教学和体能训练，实现增强学生体质的目的。然而，增强体质只是体育教学的最基本的目的，而在对学生综合素质的培养是缺失的。但是，不得不承认这一观念具有一定的客观原因，最早的体育教师由于都是从运动员发展而来，我国早期对运动员的文化教育和素质教育不足，导致体育教师普遍文化基础较差的局面。因此，我国高校长期以来在体育教育观念方面一直都以经验型为主导。随着社会的发展，经验型教育观念的弊端逐渐显露，已经明显不能适应当前环境的需要。在国家推行教育改革的过程中，科研型教学观念逐步被接受和实践，取得良好的反响。

总之，随着科技水平的不断进步，科研型必将在高校体育教学中逐渐占领主导位置，并取代经验型的教学观念，为国家的教育事业发展和人才培养工作发挥强有力的作用。

二、完善高校公共体育教学环境

（一）高校体育教学物理环境的塑造

体育教学的物理环境对体育教学实践发挥着重要的基础性作用。其中，体育教学场所和体育教学设备的影响最为显著，它们不仅是满足体育教学的基本需求，而且也是提高学生学习积极性和学习热情的最直观的影响因素。因此，塑造高校体育教学环境是高校体育改革的一部分，一定要引起高校领导的重视。要努力发挥将体育教学物理环境的教学功能、娱乐功能、审美教育功能等作用，而且，校园中优美的教学环境、先进的教学设施还能够建立同学们的归属感，使同学加强对母校的依恋和自豪感，这些积极的情感因素也会反过来提高学生的学习动力和学习积极性。

（二）高校体育教学心理环境的塑造

正如增进学生对母校的归属感可以促进学习积极性，如果高校加强对教学心理环境的全面塑造，将产生更加明显的积极作用。它包括建立正确的舆论规范，建设健康的校园体育文化，鼓励拼搏、努力和公平竞争的体育精神，提倡学生勇于接受挑战，不断克服自身的障碍，最终实现目标。积极打造坚毅、勇敢、进取、乐观的新时代大学生的形象。

三、建立符合实际的教学模式

不同高校的体育教学条件、大学生的身心素质及运动素质等均有差异，因而不同高校的体育教育方案也是不同的，应严格贯彻因材施教的教育原则。体育活动形式本身就是丰富多样的，丰富多彩的室内外体育活动应融为一体，课内外体育活动应有机联系与结合。高校可以通过优化教学目标、改革教学手段、丰富教学内容、创新教学组织形式等方法来着手体育教育研究和探索，从而建立与学生兴趣相符、能够激发学生学习热情以及能有效提高体育教育水平的体育课程体系，使之与高校体育的整体发展趋势相适应。

四、建立与完善体育课程组织体系

高校体育课程组织形式丰富多样，选择什么样的组织形式要参考学生的兴趣爱好，高校应从学生兴趣出发开展体育课程的组织工作，充分把握学生的心理特征、合理需求，搭建网络选课平台，给学生自主选择的机会。不能强行给学生安排他们不感兴趣的体育课程，否则会引起学生的反感心理，得不偿失。

高校应具有多元化的课程组织形式，体育必修课要符合国家规定，选修课要满足学生的个性需要。高校还应从本区域的自然文化特色和社会文化特色出发设置有特色的校本课程，将本地特色项目作为选修课的内容，设置的运动项目既要有本地特色，又要能吸引学生的兴趣，满足学生的需求。

高校体育俱乐部教学也是当前比较流行的一种课程形式，俱乐部运动项目丰富、有特色，能够调动学生的参与热情和积极性。体育俱乐部的管理者一般由有体育特长的学生担任，这能够锻炼学生的组织能力和管理能力，提升学生的综合素质。体育俱乐部作为体育必修课和选修课的重要补充，既健全了体育课程组织形式，又丰富了高校体育教育内容，提高了高校体育教育水平。

五、提升师资教学能力

为优化高校教师队伍，高校可引进新的体育教师，为教师队伍注入新的活力，使得教师教学环境变得朝气蓬勃。另外，高校也应不断提高体育教师的专业水平，合理安排教师进修，使其了解新的体育专业知识，拓展知识面，与时俱进。高校应支持体育教师进行教学研究，注重对体育教学、素质教育以及教学发展趋势的研究，将理论研究成果运用到实践教学中，不断提升体育教师的综合能力，最终提高体育教学质量。

六、完善体育教育管理信息系统

随着计算机技术的飞速发展和互联网的大力推广，开发适合高校体育教育特点的体育教育管理信息系统，能够为高校体育教育运行和管理创造先进的信息网络环境，有利于节约人力资源，提高管理水平，实现体育信息资源共享，实施科学体育管理。

第四节　国外高校体育教育发展对我国的启示

目前，我国体育教育执行以体质教育和运动技术教育为主和以学校时期为中心的指导思想，显然已不再适应社会的发展要求，而国外高校以终身体育为指导思想的体育教学，将成为学校体育的发展趋势。学校体育要贯彻终身体育教育，就必须改革与终身体育还不相适应的原有的体育教育体系。纵观我国高校体育教育的发展，势必将过渡到以终身体育为主导思想的学校体育教育新阶段，高校体育教育应围绕以下几方面进行改革。

一、养成终身锻炼的意识

终身体育锻炼的意识，就是引导学生正确认识体育，指导学生参与体育活动的理论和思想基础。每个人在运动能力上存在的差异，虽有遗传因素的影响，但是一个人终身体育锻炼的意识却不是天生的，而是通过从感觉到思维的形式和过程培养出来的。终身体育锻炼意识可使个体参与体育活动成为一种自觉的行为，它可起到延伸学校体育教育到毕业后中年乃至老年自我体育教育的特殊作用。随着终身体育思想的普及，全民健身计划的实施与推广，人们越来越重视对学校体育远期效益的追求。因此，我们使学生在校期间不仅要增强体质，掌握终身体育锻炼的理论知识，技能和技术，还要培养学生终身体育锻炼的意识。

二、提高学生的体育兴趣

在体育教学中，要力求在终身体育的观念指导下，突破一些传统的教学模式，在适应大学生学习特点的情况下，认真探索满足学生身心发展需要的新的体育教学模式，在教学中发挥学生的主动性、积极性，提高学生的体育兴趣。在教学内容上要与生活方式结合起来，与将来的社会体育接轨，正确引导、启发、培养学生自发自主地进行体育活动的能力和习惯，使学生充分理解体育活动的必要性，并从中体会到乐趣，满足自身对体育活动的需要。

三、培养学生的体育能力

素质教育的核心是对人才能力的培养。过往的应试教育中，培养了大量的高分低能的"人才"，这对国家的发展带来一定的消极影响。因此，我国大力推行素质教育，以培养适应社会发展的、具有解决复杂问题能力的人才为主要目标。在素质教育的今天，高校在体育教学实践中，应该从培养学生的身体、心理、智能、情商等多方面入手。使青年学生具有良好的身体素质、运动技能、观察能力、应变能力、竞争能力、协调能力、领导力、适应力及沟通能力等，为日后参加社会建设做好准备。

体育能力是指完成体育活动所具有的本领，是获得与运用体育知识，体育技术、技能和有效地完成体育活动的生理及心理特征。体育能力的培养主要是通过体育基础理论知识教育、体育课实践教学和课余群体辅导进行的。因此，我们在教学中要使学生掌握人体发展规律的知识、体育锻炼的基本原理与原则、体育锻炼的生理卫生知识和各年龄段的锻炼特点，使学生在校期间就能形成终身体育锻炼的能力。

体育能力的培养应包括自我锻炼，自我评价、认识、组织和获得等综合能力的培养。

自我锻炼能力：通过合理的体育教学过程及科学的体育训练过程，使学生掌握自我锻炼的能力。即根据自己的体质状况和运动兴趣，把学到的体育知识、技术和方法，科学地运用，并且达到最佳的锻炼效果。

自我评价能力：学生运用自己获得的体育基本知识，对自身的健康水平、形态与机能指标、身体素质水平、运动水平等能正确地作出判断，并能调整和改进锻炼方法。普通高校学生应学习和掌握一些解剖学和运动生理学知识，能正确地运用这些知识，对自身状况随时进行评价，以扬长补短，促进体质水平和运动水平的不断提高。

认识能力：学生对体育的本质和作用的认识、体育对人生的影响和社会价值、体育的生理和社会功能等，对体育的基本知识有一定的了解，对体育竞赛能够发表自己的看法和见解，有一定的观察和分析能力。

组织能力：在体育教学中，要给学生以相应的知识和组织体育活动能力的培养。使学生走上工作岗位后能够宣传体育、组织基层竞赛及辅导练习等活动，这既是学校和社会发展体育的需要，也是促进终身体育发展的需要。

获得能力：由于竞技体育的不断发展，体育项目和方法也在不断变化和发展。学生随着年龄的增加，工作环境和体质状况的变化，为了适应新环境，掌握新的体育项目和健身方法，就得具备接受新知识、新技能的能力。在教学中要使学生掌握基本的知识和运动技能，具备看懂技术说明和图解的能力。在他们需要新的锻炼方法时，能通过自学而获得。

高校体育教育不仅要追求"近期效益"，而且更要重视教育的"远期效益"。从培养学生的体育能力、终身体育锻炼的意识、体育兴趣等方面入手，达到学生终身体育锻炼的习惯，是实现这一目标的重要途径。因此，高校体育教育应当打破原有的教学模式，不仅要向学生传授各种体育知识、技能和技术，而且更重要的是培养学生终身体育锻炼习惯，终身保持健康，为祖国的建设事业多做贡献。

四、充分利用学校自身资源

高校的体育教学发展必须从实际出发，立足自身的现实情况，从本校各类的体育教学资源要素出发，与本地区的文化特色、经济发展特色及地理优势等相结合，充分利用和挖掘自身的潜在资源，并以此为根基大力发展。高校自身的教育资源包括各种体育经费、教学场地、仪器设备、建筑物、图书资料、师资力量等。

　　还要注重开发体育课程教学资源的共享，高校之间应该充分沟通，并展开合作与竞争，从而调动各种资源的活力。高校还应努力和地方文化组织、科研机构组织之间积极地开展优势互补的合作。避免闭门造车和重复建设，从而造成对时间、资源和人力的浪费，以实现资源最大化利用为原则。在这样的基础之上，高校自身的资源得到充分地开发和动员，与外界构建积极的合作关系与竞争关系，从而才能真正地做到立足自身资源，大胆地进行体育教学的改革和发展。

第三章 高校公共体育教育理念的革新

随着素质教育的全面推进，学校体育的改革也在不断地深化。"以人为本、健康第一"的指导思想应始终贯穿于学校体育教育教学之中。面向 21 世纪的学校体育，必须反映时代特征。高校公共体育注重对学生的兴趣及学习动机的引导，讲究因材施教、分层次教学，体现了培养要求与个性发展的有机结合。这样，学生对运动项目的兴趣和积极性才能被充分调动起来。

第一节 创新教育理念

现在是知识社会，知识是经济发展的主要动力，知识在新时期占主导地位。同时，随着现代经济的不断发展，科技竞争的严峻性日益凸显。科技自主创新能力对我国的核心竞争力具有重要的影响。而所有这些都离不开创新人才。在新的历史时期，国家之间的竞争根本上就是创新人才的竞争。因此，培养创新人才的教育问题就得到了进一步的重视，创新时代呼唤着创新教育。

一、创新教育的特殊性

从上表可以看出，创新教育与一般教育处于完全不同的两个境界，与一般教育相比而言，创新教育具有以下几项特点。

（一）创新教育是一种超越式教育

从价值观取向来看，一般教育是"面向昨天的教育观"，坚持以追求传统文化的辉煌成就及其历史价值为根本取向。这种传统教育只是发挥着复制前人的功能，内涵并没有什么新意，缺乏创新意义。相对来说，创新教育是"面向明天的教育观"，坚持以追求未来理想与成功为价值，即是由传统教育机械的、单向的"适应论"走向超越现实，面向未来的价值取向。它通过兼具科学性和艺术性的特殊流程，培养出不以"重复过去"为己任，而是真正超越前人的一代新人。他们不但能以批判精神对历史文明成果进行继承，在现存世界从容自如地生活下去，而且能够以强大的创造才能主动积极地超越历史，完善现实，推动人类文明前进。因此，创新教育是超越式教育，其价值追求主要体现在超越既有文明。

（二）创新教育是一种健全人格的教育

一般教育强调应试教育。在应试教育模式下，学生只是分数和书本的奴隶，很难充分舒展个性，往往导致思想依附、唯书是从、分数至上。一方面创新教育注重培养学生健全的人格，强调将德育、智育、体育、美育等充分结合起来，培养学生高尚坚定的人生信念、矢志不渝的奋斗志向、崇高纯洁的道德品质、高雅脱俗的审美理想和宽广渊博的文化素养；另一方面，创新教育注重培养学生的独特精神品质和独立的人格，培养学生勇于批判的精神和宽广的胸襟等。

二、高校体育创新教学的重点

创新教育强调培养学生的创新意识和创新精神，通过创新教育，在校园中营造浓郁的崇尚创新、尊重创新人才的气氛，使创新教育体现在各学科的教学中，其中也包括体育学科。

在青少年学生的不同发展时期，体育创新教育的目标各有侧重，但共同点都是开发学生的智力，培养学生的体育创新精神。

在高校体育教学中实施创新教育，目标应侧重于培养和提高学生的"体育创新能力"和"体育创新精神"。学生拥有创新素质，掌握了创新方法，并不一定就有创新能力和创新行为，更不一定有创新精神。创新能力、创新行为是与实际问题的创造性解决分不开，与对该问题形成的历史和以往的解决策略的系统把握分不开。因此，只有在大学阶段才有可能真正对大学生的创新能力进行培养，陶冶大学生的创新精神，使大学生真正形成创新行为习惯。

高校体育教学中，创新精神是大学生主体一种强烈的、内在的精神状态，是在大学生主体深刻地领会了创新在体育活动领域中的价值之后才能产生的。创新精神的形成是体育创新教育的最高目标，是推动大学生个体终身从事创造性体育活动的强大动力。没有这种创新精神，大学生不可能在体育创新行为中克服各种困难，承受心理压力，从容面对失败，也不会在失败后想办法弥补现状，做到更好，从而不能最终取得创造性的成功。

第二节　素质教育理念

一、素质教育的特点

素质教育就是以人的身心发展为目的，提高人的独立性、积极性、自主性和创造性等主体性品质，使人在德、智、体、美等方面得到全面发展的活动。素质教育的特点包含以下几方面。

（一）全面性

素质教育的全面性首先体现在教育对象的范围上，全体学生都是素质教育的对象，可见大众化的素质教育覆盖了极广的范围，是每个学生都享有的权利。针对全体学生实施素质教育，使学生获得的学习和发展机会均等，使学生在自己原有基础上不断发展与进步，这是时代发展和社会进步的要求。

素质教育的全面性还体现在对学生素质培养的内容上，即培养与提升学生的各方面素质，素质教育的这一特征决定了素质教育内容的丰富全面性。只有通过实施素质教育，才能培养全面发展的人才，才能满足社会发展对全面型优秀人才的需求。

（二）主体性

所有的学生都是独立的个体，他们有自己的价值，有自己的主观能动性，应该得到家长、教师和社会的认可与尊重。在素质教育的实施中，教师应该鼓励学生发挥主动性，培养学生的独立自主学习能力，使学生在自主学习中充分发挥主体性。

（三）发展性

素质教育中，教师要善于发现和挖掘学生的潜力，对学生的个性发展予以重视。所有人都需要进步和发展，而且这是没有尽头的奋斗目标，素质教育的发展性要求教师用动态的长远的眼光看待学生，对学生的潜能和创造性给予尊重，并为学生创造便于发挥潜能和创造力的良好条件，使学生抓住每个发展机会，将自己的才能展示给他人。

（四）开放性

素质教育这种教育形式不局限于学校这个特定的教育单位，素质教育的教育内容是多元开放的，所以教学环境与空间也应该是开放的，要在学校教育的基础上进行拓展与延伸，在社会教育与家庭教育中融入素质教育，并建立三位一体（学校、家庭、社会）的教育机制来共同推行素质教育，同时还要利用现代信息技术建立网络在线教育体系，利用互联网推广素质教育，并将显性课程与隐性课程相结合，完善课程体系，使素质教育渗透到各方各面。

二、高校体育践行素质教育的策略

（一）树立并强化素质教育理念

现代教育理念与现代社会经济发展的需要是相符的，也能满足人全面发展的需要。现代教育理念集中体现在国家出台的教育方针、教育政策及相关教育法律文件中。高校要转变应试教育理念，树立素质教育理念，并在实践中践行与不断强化素质教育理念，随着社会的发展，也要不断丰富与完善素质教育理念，更新理念，以正确的教育思想来指导教育行为。在更新教育理念方面要认识到下面两个要点。

第一，对国家教育方针及相关政策的内容、内涵有深刻的认识和全面的理解。

第二，在学生文化素质的发展中，不仅考试项目在发挥作用，而且非考试项目也发挥着重要作用，因此要关注非考试教育内容的传授。

（二）设立高校体育素质教育目标

高校体育素质教育目标是素质教育目标在体育教育中的具体化，也是体育教育目标的素质化。体育素质教育目标应该体现素质教育的一般特点，明确提出对学生一般素质和体育素养的要求与标准。

高校体育素质教育目标与体育能力培养目标密切联系，在体育教学中要找到这两类目标体系的契合点，通过合理开展与高校实施体育教学而提升学生的体育素质和体育能力，促进学生全面发展。

图中所示的目标体系中，核心为"德育的渗透"，重点是对学生创新能力的培养，目的是使学生形成终身体育能力。目标体系中各个子目标之间密切联系、相互协调、相互促进，在体育教学实践中相互统一。只有有机结合各项目标、实现综合效应，才能更好地实现总体目标。要实现高校体育素质教育目标，就要开展体育课堂教学，注重环境潜移默化的熏陶作用，设置社会实践环节，将体育文化内化为学生的人格和内在品质，多方面、全方位综合促进学生发展，实现预期目标。

（三）加强师资建设，提高教师素质

培养与建设优质体育师资队伍是高校体育教学中践行素质教育理念的关键一步，教师素质高，才能对同样高素质的学生进行培养。教师对学生能够产生巨大的、终身性的影响，这种影响可以是有形的，也可以是无形的，总之教师的影响是无处不在的。因此要特别重视壮大体育师资力量，培养体育教师的综合素质，培养其爱岗敬业的精神、良好的思想道德素养，提高教师的业务能力，使体育教师的育人价值得到最大化的发挥。

第三节　生命教育理念

从整体观角度，生物学认为生命是有机体的存在形式，是作为生物的本质属性的抽象。对人的生命而言，人首先是活着，即生命寄于身体之中，身体的诞生就是生命的出现，身体是生命过程的记录，因此人的生命则是抽象，身体是具体的，而哲学则把生命置于普遍的联系之中，把生命视为一种关系的存在，因此对生命的整体性释义将有助于我们更好地研究体育课程。

一、生命与运动的关系

"生命在于运动"这句名言，对于我们来说并不陌生。人类的生存能力来源于劳动和运动，加以概括总结，再应用于实践，再总结，再实践，不断积累，不断发展。这就是人类生存能力的发展途径。生命是人类最重要、最基本的物质条件，健康是人们创造和发展能力的资本。所以，我们必须进行体育运动。这种锻炼能够延年益寿，可以预防各种疾病，产生抵抗能力；还可以促进智力的发展，提高记忆力；提高工作效率，延长工作时间，提高人类的创造能力，为人类生存能力的发展奠定良好的物质基础。再者，接受良好的教育，把先人的文明作为自己武装头脑的本钱，使用理论指导实践，能少走弯路。另外，要有一技之长，一专多能，随时应对社会的变化，适应社会的要求，只有这样，人的生存能力才有生命力，才能不断完善、不断发展。

"生命在于运动"，这是概括体育与健康的最恰当不过的一句话。要想保持良好的身体状况，适量的运动是必不可少的。从物理学角度来说，只有绝对的运动，没有绝对的静止。运动促使能量流动，在这个过程中物体的理化性质发生了改变，产生了代谢作用，从而保持了自身的活性。这种活性是必要的，对生物体而言就是生命的体现。

二、生命化教育丰硕成果引起体育教育领域关注

"生命化教育的核心是人，既要成全学生，也要成全教师，因此要研究人的生命价值和生命发展，尊重生命的自然状态，尊重学生的个体差异"。同时，华东师范大学的叶澜教授认为"从生命的高度，用动态生成的观点看课堂教学，包含着多重丰富的意义"。此后，针对功利化、唯理性、工具性等教育观的弊端，开始有规模地组织和开展生命化教育研究。代表性研究成果如北京师范大学王啸博士《"人是价值的存在"及其教育学意蕴》（《高等教育研究》，2001 年第 9 期）；肖川的《教育必须关注完整的人的发展》（《清华大学教育研究》2001 年第 3 期）；冯建军的《生命与教育》（教育科学出版社，2004

年版），中国社会科学出版社的生命教育丛书：刘济良《生命的沉思——生命教育理念解读》、刘志军《生命的律动——生命教育实践探索》、王北生《生命的畅想——生命教育视阈拓展》等大量文章著作。可以说把教育归结于对生命的点化或润泽，是对当代教育实践样式的一种突破。

体育可以说是现代社会文明病的一剂良药，是保护生命的最好形式之一。体育是维护健康和美化身体的教育过程，健康、身体、意志是无法量化的，或无意义的量化。然而在当前的学校体育领域中，表现出的盲目追求"达标率"的体质教育，必然导致学生厌倦体育学习。体育外在于生命，与身心对立，摧残生命。面对生命教育研究的丰硕成果，体育教育领域不能熟视无睹，回而避之。生命化教育理念正以强大的理论穿透力辐射到体育教育中来。一些学者开始以生命化教育理念来审视体育教育改革，生命教育观引起体育课程改革的高度关注。

第四节　健康教育理念

一、健康教育概述

大学生正处在青春发育后期，其行为模式、生活习惯和道德情操，以及体质、精神等，仍处在不稳定状态，具有一定的可逆性。健康体魄是"人的全面发展"所依附的基础，健康、长寿是人类发展的基本标志。新世纪的体育融入"以人为本、健康第一"的基本发展理念成为人类社会协调和可持续发展中的重要内容。"以人为本，健康第一"将会成为新世纪体育发展的主旋律。

"以人为本、健康第一"的体育内涵还要体现人文关怀，这是因为体育教育的对象是人，人是有理性的，也是有情感的，情感决定着思考的方向，理性决定着思考的结果。只有以情感人，才能以理服人。体育工作必须强调关心人、体贴人、帮助人、温暖人，要有人情味。学生美好的人生是为爱所唤起，爱是体育教育的核心，情是体育教育的生命。体育教育需要爱、更需要情。

二、学校健康教育的意义

健康教育是贯彻教育方针、培养全面发展人才的重要环节。实施健康教育是我国教育方针的要求。教育方针强调要培养德、智、体等方面全面发展的社会主义事业的建设者和接班人。《教育法》第一条："为了发展教育事业，提高全民族的素质，促进社会主义物质文明和精神文明建……"该条明确指出，制定教育法的目的是要提高全民族的素质。素质包括道德素质、身心健康素质和文化专业素质，其中身心素质是素质教育发展的基础。

健康教育在促进学生身心发展，预防疾病，增进健康的同时，还帮助学生进行自我认识、自我教育和自我完善，形成良好的道德品质，促进其自身的全面发展。

三、基于健康教育理念开发高校公共体育教学内容资源

（一）根据学生的身心发育规律与特点开发体育教学内容资源

运动生理学、运动心理学、运动解剖学等运动人体科学是开发体育教学内容资源的重要学科基础和原理。学生生长发育的规律与特点是体育教师开发体育教学内容资源必须考虑的因素，高校体育教师应从大学生的年龄特点、生理解剖特点出发对教学内容进行开发与选择，所选内容资源要有助于促进学生健康成长和全面发展。

（二）依据体育教学规律开发体育教学内容资源

体育学科有自己的特性，体育课程教学在长期的发展中也形成了独特的规律，客观规律在一定程度上影响与制约体育教师选择体育教学内容、运用体育教学方法以及组织安排体育教学活动。因此要对体育教学的客观规律有正确的认识与深入的研究，从而在客观规律的指引下深入开发教学内容资源，保证开发轨道与路径的科学性与可行性。

（三）将体育教学内容资源的开发与校本课程的开发结合起来

国家体育课程纲要和地方性体育课程纲要是学校开发校本课程的重要理

指导与依据。在统一课程纲要的指导下，高校从自身办学特点、教学条件出发选择恰当的校本课程开发方式，课程要体现出地方和学校特色，要能使学生的学习需求得到满足，要能使学校的教学资源得到充分利用。校本课程地域特色鲜明，高校校本课程可以说是专属于本校的独一无二的课程资源，开发校本课程离不开本校体育教师的参与及配合，同时要对地方文化、地方传统体育、学校各方面的条件以及学生的认知能力及学习需要予以全方位的考虑。

作为国家体育课程的重要补充，校本课程可以灵活确定教学目标和教学内容，教师有相对自由的教学空间，具有地方特色的教学内容更容易激发学生的学习兴趣，实施这些教学内容能够提高课堂教学的活跃度、灵活性和创新性，也便于根据不同学生的特点而进行有效教学。

第四章　高校公共体育教育
要素的发展与改革

我国普通高校的体育课程和教学一直没有自己的特色，一直处于一种多种思想、多种形式并存的局面。本章从教育目标、教育内容、教育方法、教育评价方面入手，对其发展和改革展开讨论。

第一节　高校公共体育教育目标的发展与改革

一、高校公共体育教学目标设置的原则与要求

（一）设置原则

高校公共体育教学目标的设置应在一定的原则指导下进行。这些原则可以起到有效的指导作用，使高校公共体育教学目标的设置工作更加顺利。

1. 科学性原则

因为高校公共体育教学是在科学指导下对学生进行全方位的身心教育活动，坚持科学性是保证教学有效进行的内在前提。这里的科学性原则是指，在开展高校公共体育教学目标设置工作时，一切都要以科学为基本依据和基本前提，对体育教学目标设计要以深厚的科学理论为依据。体育学科的特点就是要理论与实践相结合地进行，因此在进行高校公共体育教学目标设置时，一定要在严格遵守科学理论的基础上，选择与之相适宜的实践教学内容，从而让学生获得严谨的体育科学的训练，对于促进学生的全面发展，具有重要的作用。

同时，高校公共体育教学目标应难度适中，使得学生能够通过努力而达到，同时高校公共体育教学目标设置时还应突出重难点，使得学生有所侧重。

2. 系统性原则

体育教学是一个相对独立的系统教学，将高校公共体育教学目标进行系统的分类，按照不同的层次将目标进行细化，并且使两两之间也要构成系统的关联，形成彼此呼应、相辅相成的系统关系，从而使整体的教学设计呈现出更强的系统性和完整性。

同时，系统性原则还要求不同层次的目标之间要具有层层递进的逻辑关系，每个层级的目标的实现，都是为了下一个目标的实现作铺垫和准备，这是系统性的另一种体现。总之，在进行高校公共体育教学目标设置时，应注重系统性原则，从而使高校公共体育教学目标构成层次分明、纵横有序的教学系统，这不仅对学生的体育学习有明显的益处，而且还能培养他们自觉养成系统性学习的意识和习惯，对于培养新时代的人才具有重要的价值。

3. 可测性原则

可测性原则是指，在进行高校公共体育教学目标的设置时，还应该有意识地保证所做的教学设计是可以被测量的，即利用现有的技术和手段，可以测量教学目标的实施效果和达成情况。这是保证高校公共体育教学目标的实践效果及可操作性的重要条件。

可测性原则是现代教学进步的体现，它更加注重教学的实际效果，而非只是完成理论上和想象中的设置就宣告结束。

4. 灵活性原则

灵活性原则是指，在进行高校公共体育教学目标设置时，在严格遵循相应的科学理论的同时，还要注意给教学目标留有一定的灵活性，即给教师的教学实践留有一定的灵活发挥的空间，让体育教师能够明确各个层级的教学目标，然后可以根据具体的实际情况，包括客观的自然环境条件、物理设施条件，以及地区的文化差异和学生的接受能力等客观因素，进行具有针对性的教学活动，使体育教学更加切合实际，尽量去符合每一位同学的学习需要，使体育教学的效果能够达到更高水平。

5. 发展性原则

发展性原则是指，在进行高校公共体育教学目标设置时，应具有发展的眼光和意识，不仅要紧抓当前的教学需要和目标，还应该明确教学活动是一个动态的发展过程，社会和国家对人才的发展，也是动态变化的。因此，体育教学目标的设置应该立足当下，着眼未来。也就是说，现在设计的高校公共体育教学目标要满足这样的条件：一方面，能够满足当前学生的学习和发展需要；另一方面，还应该具有一定的引导性和推动性，能够适应学生的发展潜力，推动学生的不断发展。

（二）设置要求

除了要遵循相应的设计原则之外，进行高校公共体育教学目标的设置时，还有一些具体的要求，以保证高校公共体育教学目标设置的有效性和可操作性。

1. 具体明确

高校公共体育教学目标首先要具体明确，这是保证其有效实施的基本要求。高校公共体育教学目标的作用，就是帮助所有的体育教师和学生明确体育教学要"达成什么目标"，要让所有人都能非常清楚地理解和记住这一目标，那么必须做到具体而明确，这是接下来体育教学能够顺利开展的基本前提。

具体来说，要达到具体明确的要求，就应做到表述要简洁明了、语言朴素，避免歧义和误读，杜绝含糊不清和咬文嚼字的情况发生。实际上，要做到对高校公共体育教学目标的表述具体而明确，就应该使用最日常、最简单的语言进行表述，而且还要具有一定的可观察性和可测量性，从而保证了体育教学目标在实际操作中可以被清晰地观察和测量，进而便于自我检验教学的效果，和即使纠偏。

另外，教学目标不仅是体育教师在教学实践中的一项重要工作依据。在教学中，体育教师要及时将每个阶段的教学目标告诉学生，以便更好地完成教学，因此，只有采用简单、具体、明确的表述，才能让所有学生都能轻易理解和掌握，这是保障体育教学目标达成的重要前提。当教师和学生同时朝着一个具体的教学目标努力时，这时候的教学效果一定也是他们所能达到的最佳结果。

2. 整体协调

在设置高校公共体育教学目标时，还应注重各个层级的教学目标的整体协调。体育教学的整体目标是一个系统的整体，而每个目标之间，要彼此呼应，相互协调，从而构成一个既错综复杂、又有机统一的体育教学系统，使体育教学的实现更具效率性和可操作性。

在具体的设置实践中，有时会因为强调某一目标，而忽略了与其他目标的协调性，这就是整体协调要求存在的意义，能够及时发现和解决教学目标设置中容易出现的失误和错漏，并将这一问题控制在可处理的范畴之内。

3. 细化分解

细化分解是指，每一个体育教学目标都可以分解为能够操作的具体目标，它是保证体育教学目标的可操作性的重要条件，无论哪种教学目标，只要经过细化分解，都可成为具体的、可执行的教学活动，这是顺利开展体育教学的前提，是促进教学目标实现的必然要求。

具体而言，即每一个教学目标都可以通过具体的实践活动来实现，可以是组合的形式，也可以是独立的某项运动形式。总之，只要能够以某种或者某些体育活动形式来表达，那么就说明这一个体育教学目标是可分解的有效教学目标。

4. 难度适中

在进行体育教学时，由于都是以具体的实践活动来实现的，因此，在设置目标之初，就应该考虑到其难度应与学生的实际运动能力相匹配，最佳难度应该处于绝大多数学生的最近发展区，这样就能让绝大多数学生都能够在训练和学习中真正受益，即通过教师的指导和自己的努力，能够发展出更高的运动技能和水平，这是高校公共体育教学目标难度适中主要意义所在。

另外还应注意的是，学生的身心发展和运动能力具有一定的差异性，这是不可避免的，因此在进行教学目标设置时，也应该对教学目标给出相应的说明，即不同的运动水平应该能够完成哪个难度的练习，得到多少分数等，这样也可方便体育教师在教学实践中，针对不同的学生设计不同的训练内容，努力让不同运动能力的学生都能得到同等程度的训练，得到符合自身水平的发展。

5. 增强体质

增强和发展学生的身体素质始终是体育教学的指导思想。但是有关数据显示，现在我国的许多高校学生的身体素质距离理想标准还有一定的差距，学生的体质呈逐渐下降的趋势。导致这些现象的原因主要有以下几种。

（1）人均的体育运动时间不足，运动强度也不够。

（2）生活方式、学习方式以及饮食习惯不够科学。学生的学习时间过长，基本上属于久坐一族，相对的可用于体育运动的时间和精力就减少。

（3）现代的高校学生精神压力加大，由于社会节奏加快，升学压力和就业压力影响到青年学生的精神长期处于紧张状态。另外睡眠不足也是影响健康的重要因素之一。

因此，高校应针对现实情况着手设置行之有效的体育教学目标。以增加学生的体质为核心指导。在此基础上，发展学生的运动兴趣，制定针对性较强的体育教学目标，达到增强学生体质的目的。

6. 全面健康

体育教学的目标还应该符合健康的标准。身体健康只是健康的一个方面，我们的高校是培养人才的重要阵地，人才的全面成长首先需要做到全面的健康。比如，我们的体育教学要促进学生身体上、精神上和心理上的全面健康发展。因此，我们的高校在制定教学目标时，应该综合考虑，将身体、心理和精神三个方面进行有机地融合，将健康放在教学目标制定的第一位，才能制定出更有利于学生全面成长的教学目标。

7. 注重对学生"三基"的培养

"三基"是指教学的基础知识、基本技能和基本技术，是所有学科教学的共性目标。由于体育教学的实践性和复杂性，在制定教学目标时，会相应地更有难度，很容易顾此失彼，使得体育教师在制定目标时，有时会过分强调技能技术的提升，而忽略了扎实基本功的部分，从而失去重点。因此，体育教学目标的设置，一定要围绕"三基"的核心思想。同时，重视体育教学的基础培养功能，也是为学生日后参加社会工作打好健康的基础，并为实现终身运动做好准备。

二、高校公共体育教学目标设置的方法

（一）明确教学目标应满足的基本条件

1. 不脱离体育教学场景

体育教学需要在体育教学场景内实现，脱离了教学场景，那么很难实现

相应的教学目标。体育教学场景包括体育知识、技能、战术等内容，也包含教学组织、教学场地、教学人员等元素，只有保证教学场景处于健全、健康的前提下，教学目标的设置才具有意义，如果教学目标失去场景性，那么教学目标则很可能会成为空谈。

2. 目标应包含努力因素

教学目标是指引学生学习活动的方向和预期，因此，教学目标应该包含努力的因素。如果体育教学目标设置在学生无须努力就能轻松获得的水平上，那么教学也就失去了存在的意义。因此，在制定体育教学目标时，一定考虑到学生的努力因素，应为努力因素做出适度、合理的预期，为努力留有一定的空间，让学生通过一番努力最终达到设定的学习效果，这样才能对学生起到激励作用。

3. 目标的灵活性

教学目标是对教学活动的指引，具有一定的方向性、层次性、可操作性、系统性等特点。与此同时，教学目标应该是一个合理的、科学的，这就意味着体育教学目标必须是能够提供多个途径和多种渠道完成预期教学效果的，但是如果一个教学目标不具有这种可选择性，那么它就不是一个合理的教学目标，不利于学生的体育教学和身心发展。

（二）了解目标的两类表达方式

体育教学目标具有两大类表达方式，它们分别如下。

（1）在实施教学之初，就明确地告诉学生学习的目标与预期分别是什么。尤其适用于知识性目标和技能性目标。通过让学生了解到即将要学习的知识和技能，可以让学生对自己未来的学习方向有了基本的设定，这些认识可以指导学生的学习行为，也有利于学生更加投入学习。

（2）通过描述参加运动可能会感受到的情绪与体验，如情感态度和价值观等，向学生描述体育运动的情感目标，这能够培养学生特定的意识和能力。

（三）探析教学目标的表达方式

1. 明确行为主体

教学目标的行为主体是学生。因此，在制定教学目标时，应该充分地考虑到学生的主体性，应该从学生的角度出发，明确教学目标的指向性。比如，恰当地改变表述方式，使教师、学生都能明确地理解教学目标针对的是学生而非他人。

2. 恰当使用行为动词

行为动词决定了行为主体在实施学习行为时，能够增强对学习过程的可操作性，可测量性和可观察性，也有助于加深学生对学习行为理解的层次性，因为行为动词所表达的不同层次，以及教师对不同内容的教学要求，都会受到行为动词的影响。

3. 明确行为条件和行为程度

行为条件和行为程度将对学习行为的影响至关重要。在设置体育教学目标时，要对目标产生的条件或者界限进行说明，同时也要对教学行为所达到的程度进行说明。需要指出的是，由于学生之间的差异性较大，在教学目标的描述中可以使用一些表示教学程度差异性的词语，以便更好地指挥教师进行教学，引导学习进行学习。

三、高校公共体育教学目标设置的步骤

高校公共体育教学目标的设置也有相应的步骤，这些步骤是经由体育教育工作者多年的工作经验总结所得，因此具有较高的实践指导性，对提升体育教学具有明显的促进作用。

（一）分析教学对象

在进行高校公共体育教学目标设置时，首先要做的就是对教学对象进行全面的分析和调查，从而保证体育教学的有效性和可操作性。其中调查和分析的主要内容包括：

（1）学生的身体发展水平，比如身高、体重、体脂等基本情况；

（2）学生的心理发展水平，比如是否具有健康的心智水平，是否能接受一定运动挑战，是否能与集体正常协作和配合等；

（3）学生的运动水平，比如在跳跃、奔跑、力量、速度等方面表现出的一般能力如何，是否经常参加体育活动，是否有喜欢的运动项目等；

（4）学生的综合发展潜力，比如是否具有明确的运动偏好和特长，是否

有意愿在体育方面获得发展，是否能接受一定程度的艰苦训练，是否具有相应的客观条件等。

总之，以上这些有关学生的基本情况是决定学生参与体育教学和获得运动发展的基本条件，如果能善加利用能促进学生的体育运动水平的明显提高，也能在一定程度上引导学生发展出较为全面的综合素质，因此，这是进行体育教学目标设置的基本前提。

（二）分析教学内容

在对高校体育教学对象即学生的基本情况有了了解之后，接下来是对体育课程教学内容的分析和选择。就目前的情况看，体育教学具有海量的内容可功能选择，然而要做到教学目标设置的有效性，必须进行科学的分析和选择。在明确学习者的学习需要和学习能力之后，选择相应最适合的教学内容。通过对现有教学内容的分析，以及设计和研究具有时代特色的教学材，从而使体育教学更具科学性、时代性和针对性。

（三）编写教学目标

在完成了以上两个重要步骤之后，就可以进入真正的教学目标的编写步骤了。教学目标的编写是在国家对体育教学提出的整体指导思想的基础上，根据我国大学生的综合情况，并针对前面进行的体育教学对象研究、体育课程教学内容研究的具体研究结果，编写适合我国大学生的体育教学目标，从而满足学生对体育的学习需要、成长需要。选择合适的体育课程教学内容，并以最贴近学生身心特点、最有利于教学目标实现的方式开始编写教学目标。

四、高校公共体育教学的多维目标

确定体育教学目标，要考虑不同学生的实际情况，要对不同水平的学生提出不同的教学目标，体现教学目标的层次性。下面将公共体育教学目标划分为基本目标和发展目标两个层次，基本目标是面向大多数学生提出的目标，发展目标是在实现基本目标的基础面向技能水平较高、有特长优势的学生提出的较高层次的目标。不管是基本目标还是发展目标，在不同的目标领域有不同的表现，下面具体分析高校体育教学在认知、身心健康、运动参与、运动技能，以及社会适应五个领域的目标内容。

（一）基本教学目标

1. 认知领域

认知领域的教学目标有 6 个级别，如图 4-1 所示。在高校公共体育教学中面向多数学生提出的认知领域基本目标一般处于较低级别。

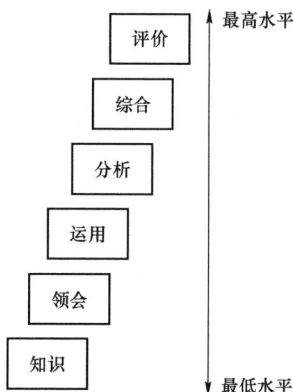

图 4-1 认知目标[①]

在体育教学中大多数学生要达到以下认知目标。

（1）使大学生认识与理解体育基本理论知识。

（2）使大学生了解体育运动的新知识与文化内涵。

2. 身心健康领域

（1）身体健康目标

① 作息规律，生活方式健康，行为习惯良好。

② 使大学生能够进行健康自评。

（2）心理健康目标

① 使大学生在体育运动中体会到乐趣，心理得到放松。

② 使大学生通过体育运动调整心理状态，合理宣泄情绪，学习与生活态度更加乐观、积极。

③ 使大学生具有坚持不懈和克服困难的精神。

---

① 李启迪，邵伟德. 体育教学基本理论研究 [M]. 北京：北京师范大学出版社，2014.

3. 运动参与领域

（1）提高大学生的运动认知水平，提高大学生在体育学习中的积极主动性。

（2）使大学生形成良好的体育锻炼意识与行为习惯，提高其参与体育活动的自觉积极性，并使其能够从自身情况出发制定适合自己的锻炼处方。

（3）使大学生了解常规体育项目比赛规则，并能在比赛中基本完成裁判工作。

4. 运动技能领域

运动技能领域的教学目标包含 6 个级别，如图 4-2 所示。

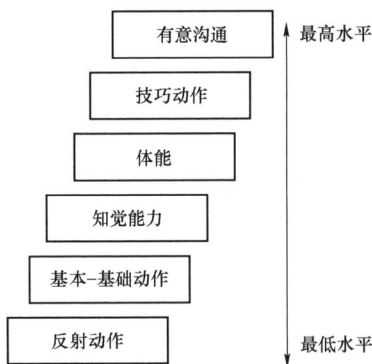

图 4-2　运动技能目标[①]

在高校体育教学中面向多数学生提出的运动技能领域基本目标处于中低级别，体现在以下 3 方面。

（1）提高大学生的基本运动能力和体育运动的一般与专项素质。

（2）使大学生对身体素质锻炼与提升方法有初步的掌握。

（3）使大学生了解在体育运动中哪些运动损伤的比较容易发生的，并熟悉常见损伤的处理方式。

5. 社会适应领域

（1）使大学生善于沟通交流，与同学保持友好关系。

（2）培养大学生的合作与竞争精神，使其学会对合作与竞争的关系进行正确处理。

---

① 李启迪，邵伟德. 体育教学基本理论研究［M］. 北京：北京师范大学出版社，2014.

（二）发展性教学目标

1. 认知领域

（1）提高大学生对体育运动理论知识的认知水平，并能利用已学知识来提高自己的运动能力，将理论运用到实践中。

（2）使大学生对体育运动的新动态、新政策予以掌握。

2. 身心健康领域

（1）身体健康目标

① 生活方式积极、健康。

② 使大学生能够根据环境的变化进行适应性锻炼，全面提升身体素质。

③ 了解营养膳食指南，饮食健康。

（2）心理健康目标

① 使大学生在体育运动学习与练习中得到美好的体验与享受。

② 使大学生自觉利用体育运动能调整心态，展现出青年人的朝气蓬勃。

③ 使大学生的意志更加坚强，自信心得到提升。

3. 运动参与领域

（1）使大学生树立并形成自主锻炼的意识与习惯，积极参加校内外形式多样的体育活动，并在不断的实践中提高体育审美能力。

（2）使大学生能够根据自身实际情况独立完成对体育运动训练计划的设计。

（3）使大学生对常规项目比赛规则更加熟悉，并能在高水平运动比赛中根据已掌握的比赛规则独立完成裁判工作，提升大学生的裁判能力和比赛欣赏能力。

4. 运动技能领域

（1）使大学生的基本运动能力、专项运动能力得到提高，同时拥有良好的技术能力来参加比赛。

（2）使大学生对运动技术原理、战术原理予以掌握，促进其技战术水平的提升及在比赛中技战术运用能力的提升。

（3）使大学生对体育运动中常见运动损伤的发生机理予以掌握，并能正确判断损伤类型、紧急处理运动损伤。

5. 社会适应领域

（1）使大学生在体育活动中主动结识朋友、帮助他人，提高社交能力。

（2）使大学生在体育比赛中将合作与竞争关系处理好，拥有良好的体育道德，展现出自己的体育精神。

五、高校公共体育教学目标设置的现状

体育教学目标是指导体育教学的关键，然而在具体实践中，还有很多不尽如人意的地方需要改革和优化。整体而言，目前我国的体育教学目标的设置问题存在以下几个方面的问题。

（一）对教学目标的认识不足

在多年的应试教育背景下，学校、教师甚至学生本身，对体育课程都表现出不够重视的情况。这种认识反应在对教学目标也没有形成足够的认识和理解。很多学校、家长和教师都更加重视文化课的目标与教学，学校的体育课程很多时候形同虚设，比较随意，没有形成完整的体系建设。有的学校甚至缺乏专业的体育教师，那么在制定教学目标的时候，有相应的系统性和科学性方面自然会受到影响。

（二）教学目标含糊不清

体育课程不仅是一门系统的课程，也是一门涉及多门学科的课程。在制定教学目标时，要求体育教育工作者除了具有扎实的专业功底之外，同时还要兼顾其他方面的科学性与合理性。应该对体育教学进行全面的了解，掌握体育教学内容之间的关系。比如，除了要关注发展学生的身体素质和运动技能之外，还要保证体育教学目标严格符合学生的身体发展的规律，以及符合社会对人才的实际需求，还要符合学生的心理发展需要，符合学生的个性特点，能够综合地、全面地协调教学活动的安排。而现实情况是，我们的体育教学目的在各个层次都趋于保守，长期以来仍坚持原有的教学标准和教学方式，其教学目标也较为陈旧，未能做到与时俱进地发展。在设置教学目标时，有时考虑的因素不全面，导致体育教学目标不明确，在具体的实践中会出现难以把握重点的情况，无法保证目标的实现和体育教学的实施。

部分体育教师设计的教案中没有明确的体育课堂教学目标，只是罗列了教学知识点，这样的教案难以为体育教师组织课堂教学活动而提供指导，增加了课堂教学的随意性和盲目性，导致课堂教学混乱，教学有效性差，最终影响了课堂教学效率和效果。

（三）目标单一

高校体育教学目标体系中过分强调认知目标和技能目标，对情感领域的目标不够重视，忽视了对学生心理素质、道德素质和精神品质的培养，没有认识到非智力因素对实现知识目标和技能目标的重要性，导致学生只掌握了理论知识，却缺乏能力，缺乏健全的体育素养。

（四）教学目标较为空泛

体育教学的整体目标含糊，必然导致在设置其他层次的目标时，会比较空泛，这就是目标不明确带来的最明显的问题，没有明确的教学目标，在教学实施过程中，就会出现模棱两可的情况，可以这样，也可以那样，并且，在制定评价标准时缺乏有力的参考。空泛的教学目标会使得教师在教学时没有明确的方向，导致教学进程缓慢甚至游移，使体育教学的意义和价值都大打折扣。

（五）教学目标相互雷同

由于整体的教学目标在制定的过程中不够清晰和准确，导致在分层次制定教学目标时又出现了相互重复和雷同的现象。比如，在制定各阶段体育教学目标时不能很好地加以区分，反而出现相互雷同的目标和内容。既破坏了体育教学的整体性和系统性，也浪费了宝贵的教学资源，同时因为未能很好地照顾到学生的学习兴趣，致使体育课程枯燥无味，难以激发学生的学习积极性和主动性。

（六）教学目标脱离实际

现代社会发展迅速，人们生活、观念、意识及行为都在发生着显著的变化。高校的体育教育也应该把握时代的脉搏，在教育理念、教育思想、教学目标、教学内容等方面进行不断的改革和优化。然而现实情况是，我们的高校体育教育发展十分缓慢，甚至有些地区表现出严重的落后迹象。教学目标的设置几乎长期不变，严重脱离了生活实际。造成的直接影响就是使学生对体育课失去兴趣，体育课堂与课外体育活动严重脱节。学校的体育课形同虚设。

此外，有些体育教师在制定体育教学目标时，直接将参考书或教学大纲上的教学目标照搬到教学计划中，不考虑教学目标是否与学生实际、学校实际、教学内容特点相符，因此有时教学计划中的教学目标没有实际意义。照搬教学目标体现了教师不负责的态度。

（七）教学目标缺乏层次

教学目标缺乏层次性主要是由于教师自身的专业水平所限。我们有很多体育教师仅仅满足于自身原有的专业积累，未能及时地与时俱进、不断地完善和建构自己的知识体系。长久以来，导致体育教师的思维和视野都相对狭窄，没有形成应有的知识储备。因此，在制定教学目标时，就显得捉襟见肘，又因为缺乏强大的学习能力，于是只能敷衍了事。反映在教学目标上就是宽泛含糊，缺乏层次性，没有深入的理解和见地。这样的教学目标不利于学生学习，也不利于促进教学质量的提高。

（八）教学目标受教师因素影响

由于监督管理不够严格，体育教师在制定教学目标时，会增加个人情感的因素，对自身喜欢的或者擅长的项目有所侧重，而对自身不喜欢的项目则轻描淡写或者轻轻带过。这种现象由一定的历史原因造成。传统的体育教学目标的制定方法十分简单，只是由体育教师简单地设置一些身体素质、技能、运动项目等方面的内容。有些体育教师在制定体育教学目标的时候，为了省时省力，仅把个人熟悉的内容和项目作为教学目标，而不是花时间和精力去全面地研究和备课，甚至是套用以往教学的一些教学目标，所以导致体育教学目标失去意义。这种现象应该通过加强监管和对体育教师的继续教育而逐渐避免。

六、高校公共体育教学目标的改革建议

鉴于体育教学目标存在诸多问题，我们要及时加强体育教学目标的改革，

合理优化体育教学目标，健全与完善体育教学目标体系。体育教学目标的优化策略如下。

（一）以教学大纲为准绳，以实际情况为依据

在体育教学目标的编制与设计中，应以教学大纲为准绳，但切忌将教学大纲中的教学目标直接照搬到教学计划中，而应该在参照教学大纲的基础上，结合教材内容、学校教学条件、学生实际而制定合理的教学目标。体育教师应善于结合体育教学实际而将教学大纲的母目标细化为具体的子目标，并准确表述各个子目标。

体育教师应该依据目标设置理论而从认知领域、技能领域和情感领域三大领域着手而制定全面的教学目标，不可偏废，尤其要强调容易被忽视的情感领域的教学目标。认知目标是技能目标的载体，在表述认知目标时要恰当地渗透技能目标，情感目标一般要简单明了，与学生的心理特征相符。

在现代教育思想和素质教育理念的指导下，既要从学生的基础素质和共性出发而制定群体目标，又要结合学生的个性、特长、兴趣爱好而制定个体目标，为不同水平的学生制定难度适宜的水平教学目标，加强不同水平教学目标之间的内在联系，既要层次分明，又要统筹兼顾，以便循序渐进地推进教学过程，逐步实现各个水平和各个领域的教学目标。

（二）注重可操作性和可测量性

可操作、可测量是体育教学目标的特点，在体育教学目标制定中一定要突出这两个特性。可操作是指制定的体育教学目标是在现有的教学条件下，师生经过努力而可以实现的目标，而不是不切实际的、夸夸其谈的教学目标。可测量是指参考体育教学目标要能够客观评价体育教学结果，体育教学目标能够作为评价标准，通过评价能够使师生发现自己与预期目标的距离。要保证体育教学目标的可操作与可测量，就要从实际出发而制定目标，要准确表述目标。

（三）强化目标意识，提高教学效率

正确合理的目标能够为人们提供努力的方向，能够指引人们前进，使人

们为了目标而努力、坚持。因此在体育教学中必须强化目标意识，特别是要培养和强化教学主体的目标意识，使学生作为教学主体清楚自己的学习目标与努力方向，为实现目标而养成良好的学习习惯和体育锻炼习惯。目标意识较强的学生在课堂上更容易进行有效学习，从而有助于提高学生在课堂上的学习效率。

第二节　高校公共体育教育内容的发展与改革

一、高校公共体育教学内容的发展趋势

（一）向不同学段逐级分化

以往对体育教学内容进行选编时，对不同项目间的逻辑关系过分重视，甚至按照这些逻辑关系来构建体育教学内容体系，最终导致教学内容实效性差，教材安排难度增加，也使学生无法充分发挥主观能动性。随着高校体育教学的深入改革，体育教学内容的选编方式有了变化，即按照体育教学大纲和教学规律对兼具健身性、时代性、娱乐性的体育教学内容素材加以编排与选择，在不同学段针对不同年龄学生的特点进行有区别性的选编，将内容素材逐级分化到各个教学阶段。

（二）尊重学生主体

传统高校体育教学中，体育教师从自身的价值取向出发选编与确定体育教学内容，从而为教学提供便利。而在新的课程理念下，多是基于对学生主体需要的考虑以及在尊重学生主体价值取向的基础上而选择与确定教学内容，旨在为学生的学习提供便利和良好的条件。

（三）推动学生全面发展

传统高校体育教学中，体育课与身体素质达标课很接近，目的是对学生的身体素质与身体活动能力进行培养。而在健康第一和素质教育等教学理念

下，高校按照健康教育和素质教育的规定与要求选择与确定体育教学内容，旨在促进学生身心素质、道德素质以及社会适应能力的全方位提高。

（四）与社会体育接轨

在经济快速发展和人民群众生活质量日益提高的今天，人类的思维方式、生产生活方式及学习工作方式均发生了显著的变化，进而体育习惯也有所变化，人们形成了现代运动观念，根据自身兴趣爱好追求休闲娱乐的健身运动项目。这一变化对高校体育教学内容的选择提出了新的要求，在高校体育教学内容改革中要将迎合社会发展趋势的时尚运动、实用项目纳入教学内容体系中，使社会流行体育与学校传统项目交相辉映，发挥社会体育的社会功能，为学生将来更好地适应社会环境奠定基础。

二、高校公共体育教学内容结构体系的改革与优化

（一）动态性的改进

随着体育教学科研的深入改革与发展，学界不断产生新的体育新理论、新知识，增加了体育教学的丰富性。这就要求紧跟时代的步伐、社会的需求及体育科学的发展步伐而经常对体育教学内容结构进行更新，使体育教学内容满足社会需求，与体育教学改革与发展方向和体育科学的前景保持一致。更新体育教学内容结构体系体现了体育教学内容体系的动态性特征。通过动态性的变革与改进，将体育新知识融入体育教学内容体系中，突出体育教学内容体系的科学性、进步性。

（二）关联性的改进

随着体育学科的不断发展，涌现出大量的体育知识，创造出丰富的运动技能，将这些知识与技能有选择地纳入高校体育教学内容体系中，将使体育教学内容更加丰富有趣。大量的体育知识和体育技能既相对独立，又有一定的关联，有序推进这些内容的教学，能够使学生的体育知识范围得到拓展，体育知识结构不断完善，为终身体育学习打好基础。

体育教学内容结构的关联性从下列两个层次体现出来。

1. 横向广泛性

第一，在高校公共体育教育内容体系中纳入简单的体育知识，如体育卫生、体育营养、体育保健、体育锻炼原理、体育竞赛规则等。

第二，将有利于增强学生体质的运动技能方法纳入体育教学内容体系中，使学生形成良好的体育态度和拥有良好的运动能力。

2. 纵向复合性

对于某个教学内容，可在不同教学阶段反复安排，但要不断提高学习要求，提高学习难度，进行纵向上的深化学习，促进学生体育认知和体育技能的纵向发展。

从多元复合的体育教学目标出发，要从横向广泛性和纵向复合性两个层次来完善体育教学内容的结构，实现两个层次的融合，强化体育教学内容的关联性，促进学生全面发展。

（三）实践性的改进

体育的本质属性决定了体育教学的实践性特征。高校体育教学内容既有理论知识，也有实践技能，其中理论知识是为实践而服务的，通过传授理论知识，使学生加以掌握，并能运用理论去指导实践，科学参与体育活动。因此在高校公共体育教育内容结构的安排中要注意理论与实践的相互渗透、融会贯通以及相辅相成。

三、高校公共体育教学内容的发展与改革策略

（一）摒弃脱离学生实际的内容

在我国传统的高校体育教学实践中，竞技体育的内容占据绝大部分的比重，包含一些专业要求高、难度系数大、重复乏味、脱离普通高校学生实际生活的训练内容。而绝对大多数的高校面向的并不是专业运动员，而是需要发展体育技能和兴趣的普通大学生，如果一味地增加专业难度，必然会挫败广大学生的学习积极性和学热情，带来消极结果。因此，高校体育教学的改革，要摒弃过于竞技体育化的教材内容，要向着更有趣味性、实用性、健身性和娱乐性等的特征转变，这样才能真实符合学生进行体育运动的需要。

总之，体育教材中的内容应当与学生的根本需求相符合，删减不切实际的内容。教学内容应该尽量与学生的真实生活发生联系，尽量与他们未来的工作相关，为发展终身体育打好基础，以培养学生的终身体育意识和习惯为主要目标。

（二）实现课内外教学一体化

体育教学已逐渐走向课内外教学一体化，这一发展趋势主要体现在以下几点。

（1）确立素质教育观，发展学生的综合身体素质基础，为培养专项兴趣作准备。

（2）以增进学生健康为基础，培养学生在课内外进行自己感兴趣的体育运动，使之成为生活的一部分。

（3）在开发新课程时，紧密结合当前社会的时代特色，善于利用社会资源。使体育课程成为学生衔接校内外生活的重要桥梁。

（4）应该不断地完善、提高教师与学生的体育相关认识。

有的学校为了提高升学率，减少体育课时量，甚至牺牲学生的课外体育活动时间，占为他用，致使满足不了学生每天一小时的体育活动需求。还有的学生为了考取高级学校，明知自己的身体素质不行，但还要刻苦练习，严重摧残了学生的身心。学校体育教学不单单是通过学生练习，增强学生的身体健康，还要起到调节学生心理的作用，增强学生对陌生环境的适应能力，培养对社会的适应能力，训练应对未知和抗风险能力。在体育教学的过程中，不仅要让学生感到体育课是快乐的，还要拓展他们的能力，和更大的空间、现实社会与生活产生更多的连接。

总之，在建立内容体系的时候，体育课程应该将教师方面与学生方面同时作为切入点，鼓励他们将真实生活中的新鲜元素带进课堂，在课内外建立多种多样的、生动的桥梁，使课内的学习活动与课外的生活实践相呼应。

（三）选择适宜的教学内容

在构建高校体育教学的内容时，应该以能够促进高校学生身心健康发展、提高学生素质的内容为主。可以主要从以下几个方面着手。

（1）在选择体育教学内容时，以充分提高学生心理健康为原则，选择以能够满足学生的自我发展需要为原则，以最大化地发挥学生的自身价值为原则，以使学生获得相应的成功体验而不是挫败感为原则。

（2）在构建体育教学内容时，还要与社会的实际情况和需要进行选择。目标是保证学生步入社会之后，对于在校期间所学的知识和技能能够有发挥的运用的机会，而不是所学所练主要以满足考试为标准。

（3）要充分利用现代教育技术充实教学内容。体育教学要对多媒体、互联网、3D 技术等现代化教学手段给予充分利用，使科技服务教学最大化，让教学促进科技发展，从而形成良性循环。

（四）合理选用教材

在体育教学中不能忽视合理选用体育教材的重要性和必要性，选用适合的体育教材，有助于积极改善体育理论教学与体育实践教学。不同地区的高校因为各方面因素的影响，开设的体育课程存在一定的类型差异，不同地区高校大学生的身心素质、运动基础、学习能力也存在差距，所以要选用何种体育教材，需要从实际出发进行理性分析，建立科学的多元化的体育教材体系。各高校应结合本区域文化特色大力开发能够突显独特文化特色的优质体育课程，满足学生的多样化。高校应注重本校体育教材的质量问题，编撰符合教学实际的体育教材，在获得有关部门审核批准的前提下，使用本校撰写的校本教材。

第三节　高校公共体育教育方法的发展与改革

一、常见公共体育常规教学方法

在体育领域，学界在研究的过程中对体育教学方法给出了不同的解释，目前还没有一个统一的定论。但是从本质上看，体育教学方法能直接反映出体育教学的现状，它与教师的专业水平、教学水平，以及学生的接受能力和基础能力直接相关。由于体育本身就有很多种教学方法，难以分出孰优孰劣。

每一种方法还包括很多不同的实施方法，因此，研究体育教学方法的概念需要从几个层次进行。

　　界定体育教学方法概念的重要前提，是先厘清体育教学方法的层次。这样可以很好地应对当前体育教学方法概念混乱的情况。"教学方法"的层次就是教学技术，它是狭义上的教学方法，是体育教师使用的某种具体的教学方式和手段。这一个层次上的教学方法主要是基于实现某种教学目的而进行选择的结果。

　　高校公共体育教学方法的分类如下。

（一）以语言为主的教学方法

1. 讲解法

讲解法是一切教学的基础，能够有效地帮助学生在较短的时间内理解和掌握基础的体育知识和技能。语言是人与人之间最主要的交流方式，因此也是学生最习惯、最擅长的接受信息的途径。教师应该充分利用语言交流的功能，努力把体育教学中可以通过语言传达的信息，经过巧妙的组织，以生动、简洁、快速、好理解的方式传递给学生。同时需要注意的是，体育毕竟是一门实践课，教师的讲解应尽量做到精练和准确，然后给学生更多的时间进行体会和练习，这样才能达到较好的教学效果。

2. 问答法

问答法是在讲解法的基础之上发展而来的一种教学方法，它的优点是便于激发学生的学习主动性和参与积极性，以及培养学生的思辨能力、语言表达能力等。

3. 讨论法

讨论法是在讲解法和问答法之上，进一步扩大的教学空间的一种教学方法，它给教师、学生以及课堂更大的自由度。讨论法主要是在体育教师的指导下，以班级或小组为单位，围绕某一核心问题进行讨论，让学生自由发挥自身的各种能力，从而促进学生积极、主动地参加到教学活动中来，并逐渐地适应主动提出问题，通过讨论与思辨，寻找解决问题的方法这一学习模式，这是学生作为学习主体的体现，是一个循序渐进的过程。讨论法有利于增强学生的合作精神和集体主义精神，还能训练他们的人际交往能力、影响力和领导力。但是，在体育教学中，讨论法是一种辅助的教学方法，无须过度使用，因为讨论并不能实际增长运动技能。因此，教师要把握好讨论的时间和范围，以确保充分发挥讨论法的积极作用。

（二）以感知为主的教学方法

体育教学方法中常常会借助学生的感知功能进行教学，这里的感知主要是指视觉和听觉，因为在运动实践中，有大量的视觉参与环节，无论是对自身技能的掌控还是对对手的观察，都离不开眼睛的观察，和耳朵的听觉的参与。另外，由于借助感知的教学方法更加直观，所以在体育教学中颇受欢迎。

1. 示范法

动作示范法是教师在对学生教授某种技术时，为了能让学生清楚地了解技术的要领，而亲自做出示范的教学方法。动作示范法的优势是直接快速地向学生展示动作特点和技术要领。并且，示范法还会因教师优美流畅的动作而激发学生的学习兴趣。

2. 演示法

演示法是指教师通过各种教学工具直观地向学生展示运动技术和方法，通过增强学生的感性认识而提高学习效率的一种方法。演示法可以理解为是示范法的延伸，是指教师无法示范或示范无法达到预期效果的一种教学方法。因此，演示法是一种十分重要的教学方法。

（三）以练习为主的教学方法

1. 分解练习法

分解练习法的好处体现在两个方面。一方面，从技术难度的角度看，通过分解动作可以降低技术难度，便于学生的掌握和学习；另一方面，从心理接受的角度看，也提高了学生学习信心，很好地避免了畏难心理。在具体的实践中，应该注意分解的科学性与合理性，分解后仍然不破坏原有动作的构成。比如，我们观看一场 NBA 的比赛的话，会被篮球明星出神入化的高超技艺所深深折服，但是这并不能提高我们的球技。需要将连续的动作进行分解，才有利于学生的学习。一般而言，在教学中教师会分解为传球、投篮、运球等动作，这样能够将复杂的运动项目具体化、简单化。然后再针对每个环节进行练习和提高，直到最终能够掌握一套完整的技术，打出一场精彩的比赛。

2. 完整练习法

完整练习法是与分解练习法相对的，是指对整套动作进行完性的练习。完整练习法适用于一些技术难度低，易于学生在脑海中形成完整的动作概念的项目。如仰卧起坐、跑步、跳绳、俯卧撑、举哑铃等运动。

3. 领会练习法

领会练习法是指通过语言、文字、图片或视频等多种信息传递方式对某一项运动做讲解，目的是帮助学生形成一个概括性的认识。这种教学方式是在学习一项运动之初，就把该项目的所有特征都展示给学生，以帮助学生从整体上认识和了解该项运动，从而对今后的学习和练习有了大致的概念。一方面，这可以提前激发学生的学习兴趣；另一方面，学生可以根据这一整体性认识来决定该项目是否符合自己的兴趣和个性，从而做出是否继续学习的选择。

二、高校公共体育教学方法的选择依据

由于体育教学方法种类繁多，体育教师在教学过程中，为了达到最佳的教学效果，针对不同教学目标和教学内容，需要选择不同的教学方法。因此，教学方法的选择也是教学活动中的一个重要组成部分。很多时候，它也是提高教学质量的关键因素。因此，体育教学方法的选择是贯穿每一位体育教学工作者职业生涯的重要议题。就目前的体育教学而言，体育教学方法十分丰富的，再加上现代教育技术的不断引用，不断的有新的体育教学方法被开发和运用。

体育教学方法的选择是体育教学中的第一个内容。因为，在教学方法众多的前提下，能够准确选择最恰当、有效的教学方法是决定教学效果的关键。而选择恰当的教学方法应该是每一位体育教师必备的基础能力之一。然而现实情况却并非如此，很多教师在选择教学方法时显得过于草率，显然是因为缺乏一些必要的理论和行为依据。因此，通过大量的研究，我们对选择体育教学方法所需要的依据进行分类，主要可分为以下几种。

（一）根据教学内容的特点选择

不同的教学内容之间可能存在着很大的差距，因此要选择不同的教学方

法才能很好地实施体育教学。比如，在教授较复杂的技术如游泳、滑冰、跳高、体操等内容时，可以选择分解教学法；而进行诸如跑步、投掷、跳跃等连贯性较强且动作较短促的项目的教学时，可选择完整教学法；而对于技术要求较严格的球类项目，可以选择领会教学法。因此，根据教学内容选择教学方法是教学中最为常见的情况。

（二）根据学生的情况选择

在选择教学方法时，根据教学主体也就是学生的实际情况来做出选择也是十分重要的依据之一。选择最贴近学生当前实际水平的教学方法，要考虑到该方法是否符合学生的发展特点、是否有利于学生的理解和接受等情况，包括参考学生的年龄、发育情况、心理承受能力以及智力水平等，从以上这些实际情况出发进行选择，会对促进学生的知识技能水平的提高具有显著的效果。

（三）根据教师的情况选择

作为教学方法的实施者，教师的自身情况将决定着教学方法的实施效果。再好的教学方法，如果由于教师自身的条件和能力而影响其发挥该有的功能时，那么也不是一个正确的选择。教师的自身素养对选择教学方法也具有决定性的影响。因此，从教师自身出发也是选择教学方法的依据之一。比如，如果教师思维敏捷和语言表达能力强，那么在同等条件下可以优先选择"讲述法"；而运动技能较强的体育教师，可以多选择"演示法"和"示范法"。当然，根据教师自身的情况而选择教学方法，其排序要在以上三种依据之后，即必须在符合教学目的、教学内容以及学生的接受能力的基础之上，再考虑教师的自身情况进行选择。

（四）根据教学时间和效率选择教学方法

每一种教学方法的选择，都还涉及教学效率的问题。因此，在选择教学方法时要选择能够带来最佳教学效果的方法。比如，每一种教学方法的所需的教学时间、效率高低等问题。一种最佳的教学方法应该同时满足目的、内容、学生、教师，以及教学效率的完美匹配，最终实现教学效果的最优化。

三、高校公共体育教学方法优化的原则

在建设并优化高校体育教学方法体系的过程中，需要重点贯彻以下几项重要的原则。

（一）整体性原则

高校体育教学方法体系是一个综合整体，其由诸多科学有效的体育教学方法构成，而且这些教学方法具有指定性特征。体育教学方法体系中的诸多教学方法各自独立，同时也相互联系，了解不同教学方法之间的内在联系，按照一定的规律与逻辑将它们组合起来加以运用，充分发挥各自的功能，尤其是具有新特质的功能，进而发挥整体功能，这有助于更好地实现体育教学目标。

构建体育教学方法体系，要贯彻整体性原则，在此基础上深入开发与充分利用各个教学方法的新特质、新功能。如果体育教学方法体系的建设行为脱离了整体，则建设效果无法令人满意。

（二）功能性原则

体育教学方法的功能是非常丰富的，如对体育教学秩序的维持功能、对教学过程的推进功能，对师生形成良好互动关系的催化功能以及促进体育教学目标实现的终极功能等。在体育教学方法体系的建设与优化中，要根据不同教学方法的主要功能而进行归类，从教学需要出发而将各类教学方法有机组合，充分调动与发挥各类教学方法的功能，使这些具有指向性的体育教学方法在功能层面达到高度整合，最终达到最大的功能效应，取得最佳应用效果。

贯彻功能性原则而建设与优化体育教学方法体系，能够使教学方法体系更具有实效性和现实意义。从体育教学方法各自的功能与特征着手而加以组合，发挥整体功能与优势，具体可参考图 4-3 所示的整合模式。

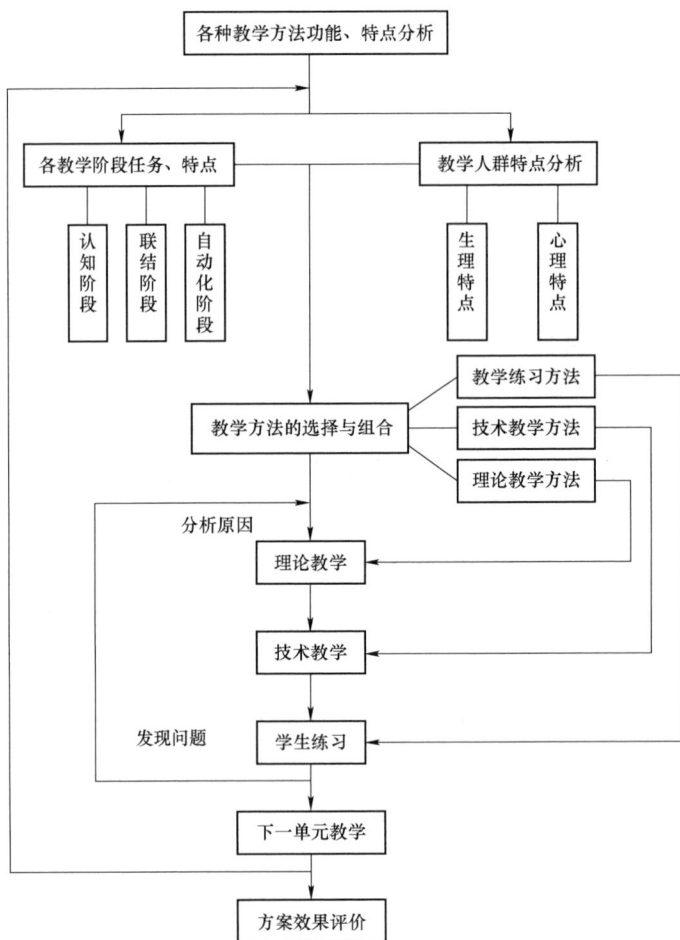

图 4-3　体育教学方法优化组合模式[1]

（三）层次性原则

体育教学的总体发展以及每一次体育教学活动的组织与实施都是一个循序渐进的过程。在体育教学的不同阶段，体育教学目标会发生变化，目标对方法的选用有指向和引导作用，因此体育教学方法也会有相应的调整。随着体育教学由简到繁的发展变化，体育教学方法的选用也越来越复杂，在这种

① 张建龙，王炜. 体育教学方法优化组合的依据、原则与程序 [J]. 新西部（下半月），2009（10）：241-242.

情况下构建体育教学方法体系要体现出层次性，要根据教学目标而划分层次，层次越细致越能够帮助体育教师与学生了解体育教学方法，并将其运用到体育教学活动中。

（四）最优化原则

体育教学方法的选用是否科学、合理，是否选择了最佳体育教学方法，将直接决定体育教学效果是否最佳。为了在现有教学条件下取得最佳教学效果，必须优化体育教学方法体系。

由诸多教学方法构成的复杂的体育教学方法体系在建设与调整中不断朝着最优化的方向发展，最优化为体育教学方法的发展提供了正确的指向，通过对体育教学方法体系进行优化而充分发挥体育教学的最佳功能与作用，从而实现最佳教学目标。

坚持最优化原则有助于科学整合不同的体育教学方法，对各类教法与学法之间的关系进行有效协调，从而更好地实现预期的教学目标，使教师教和学生学的效果都达到最佳。

四、高校公共体育教学方法的改革策略

（一）避免灌输式的体育教学方法

体育教学是建立在学生的身体实践的基础上的教学活动，如果采取灌输式教学方法，不是从每个学生的个性情况出发，那么教学效果必然会大打折扣。学生要对体育知识、体育原理以及体育学习方法有深入的理解，然后从自身的实际情况出发，才能更加顺利地完成训练，才能更加享受学习的过程，从而达到育心、育体、育人的目的。

所以，高校在进行体育教学方法的改革时，应该极力避免灌输式教学，避免让学生处于被动接受的状态，使体育教学的形式大于内容。最终无法实现体育教育的根本目的。

（二）努力发展体育教学的多样化

（1）从学生个体需要的多样性出发，努力发展更加多元的教学方法和手段。

（2）开发多元的体育教学内容，使体育课堂更具多样性。

① 开发多种适合青年学生的健身运动项目。

② 积极开展符合当今时代特征的运动项目。

③ 增加休闲体育项目的内容，大学生的体育课不是运动员的训练课，应该是轻松的、愉快的。

④ 增加民族民间体育项目内容，发扬和传承中国传统文化。

（3）加强高校体育组织形式的多样性。

（三）从培养学生的实践能力入手

当前很多体育教师在教学的时候，落后的教学方法严重地限制了学生创新思维的发展，他们往往只关注学生的考试成绩，而不重视学生们发现、分析及解决问题的创新能力培养，导致教出来的学生"高分低能"。因此，高校在进行体育教学方法改革的工作中，应该从培养学生创新能力行业实践能力入手。而创新能力的培养，需要同学们具有主动探索的热情和积极性，这必须是通过他们在实践过程中自发地产生。为此，我们的高校体育教学应该从学生的实践着手，这样才能真正培养学生的动手能力和创新能力，学生将来走向社会才能在激烈的竞争中生存和发展。

总之，学生只有在自身的生活中，按照自己的兴趣、爱好选择合适自己的运动项目，才能享受运动中乐趣，才有动力不断提高和完善自身的运动技能。通过鼓励学生进行大量的运动实践，激发他们的学习热情和探索精神，从而培育了他们的创新能力和解决问题的能力。

（四）引进微课教学法

微课是以教学目标和教学要求为依据，以视频为载体对课堂教学中的全部活动（教师的教学活动、学生的学习活动以及师生互动活动）进行记录的教学方法。微课教学法具有教学时间短、教学内容精练、注重师生互动等特征。微课教学方法的应用价值及重要作用体现在以下几个方面。

第一，促进学生学习效率的提升。

第二，改革传统教学模式中落后的因素，提高教学模式的应用价值。

第三，对零碎的教学时间加以整合，提高课堂时间的利用效率。

第四，尊重学生的主体性，提高教学的针对性。

第五，及时帮助学生纠正错误动作，规范动作。

下面具体分析微课教学方法在高校体育教学中的应用策略。

1. 重视微课教学平台的建立

不同学校的教学条件有差异，在教学硬件与教学软件方面都有充分的体现，各校在建立微课教学平台时，要选择符合本校教学条件的多媒体手段，微课教学既要体现出现代性、有效性，也要讲求经济便捷性。一般来说，在班级大家庭中建立微信群能够很便捷快速地构建微课教学平台，教师将微课教学视频分享到班级群里，学生借助多媒体手段自主学习。在微课教学平台的构建中，要根据实际情况来投入相应的硬件和软件装备，由专业人员负责管理这些教学设施，每次使用前做好调试工作，并加强维护，提高利用率，延长使用寿命。

2. 科学进行微课设计

体育教师进行微课设计一定要贯彻科学性原则，微课设计的科学性主要体现在完整、系统、规范三个方面。

（1）完整设计

在体育微课设计中，要以学生为主体确定方案，制作教学目标明确、内容完整、重点清晰、难点突出、能够充分调动学生学习积极性的微课视频。微课设计的完整性主要体现在组织结构的完整性、教学内容的完整性两个方面，完整性教学是分解教学的升华，单个动作适合直接采用完整教学法，组合或成套动作适合先采用分解教学法，但最后一定要过渡到完整教学上。

（2）系统设计

设计体育微课，要树立现代化的教学理念，以学生体质健康、终身体育锻炼为目的而对教学内容进行系统性梳理，由点到面，由零散到整体，精心进行系统化的微课教学设计。

（3）规范设计

微课课程结构精练，内容单一，微课设计看似简单，实则非常专业，在设计过程中，体育教师一定要确保方案中的每个元素如文字、图片、视频、动画等都准确无误，符合教学内容，如果存在失误，哪怕是很小的失误，都会给体育微课教学质量带来不好的影响，因此规范化进行微课设计是非常重要的。

3. 注重对微课视频教程的拍摄及运用

微课是体育教学的现代方式，除了对微课的直接运用外，教师也可以对自己的教学过程进行拍摄，制作微课教学视频，将自己的教学经验和技巧分享给其他教师，同时主动向其他教师学习经验，借鉴其他优秀教师的教学案例来组织教学，在教学资源与经验的互换中达到更好的教学效果。

教师拍摄自己的教学视频并计划将此作为教学案例分享给其他师生时，要特别重视教学的专业性、规范性与准确性，如用专业术语讲解，示范优美准确，指导学生时认真耐心，让学生将自己的学习成果展示出来，以体现良好的教学效果。如果条件允许，可以邀请专业教练员或运动员从专业的视角拍摄视频，以提高拍摄质量。微课视频的分享为高校教学资源最大程度地共享提供了可能。为了使微课视频的应用价值得到进一步提高与充分发挥，高校可以举办校际教学研讨会或分享会，优秀教师汇聚一堂共同进行专业教学的研讨，以制作出更精彩、专业、高质的体育微课教学视频。

4. 在微课教学中把握教学难点

体育运动中有些项目的动作相对复杂，对学生来说学习起来难度较大，而将教学难点作为微课教学的主要内容，可以通过视频回放来使学生观察动作细节，使其逐步掌握复杂动作，提高运动水平。在体育微课教学中可以实现对教学难点的准确把握，使学生按照视频内容与提示一遍遍演练，直至达到像视频中呈现出来的动作质量，在学生对照视频演练的同时，体育教师还要继续深化理论讲解，使学生在理解的基础上掌握技术动作，提高练习效果。在微课教学中，还可以组织学生自由讨论，发表关于微课教学的看法，从而为完善微课教学提供思路，使微课教学真正服务于广大学生群体。

5. 在微课教学中增加互动

在微课教学中，为了提高学生的思想注意力，使其将注意力全部放到课堂中来，教师要主动与学生互动，调动课堂氛围，将学生的学习积极性和热情也调动起来，使所有学生都真正参与到信息化教学中。在微课教学中增加互动的方式有线上回答学生的问题，回复学生的评论，与学生在线沟通学习技巧，利用互联网平台使学生充分发表自己的观点，陈述自己的问题，耐心帮助学生解决问题，尊重学生的个性，同时引导学生之间的互动，提高学习的趣味，充分贯彻寓教于乐的教学原则。

6. 加强传统教学与微课教学的有机结合，构建一体化教学模式

在信息化技术背景下，微课教学作为现代教学方式在体育教学中得到了有效的运用，但要注意的是，在体育教学中要紧紧结合教学实际来展开教学工作，不能脱离实际情况，而且教师要把自己的教授活动与学生的学习活动紧紧联系起来，而不是只给学生呈现视频案例就可以了。另外，在运用现代化教学方式的同时不能忽视对传统教学方式的继续运用，传承下来的传统教学方法一定有其可取之处，所以要取其精华，将其与现代教学方式结合起来使用，实现传统与现代教学方式的有机互补。

体育教学对学生的运动感知能力提出了较高的要求，因此在设计微课并运用这一现代教学方式时，要加强线上教学与线下教学的有机结合，线上给学生呈现生动精彩的教学视频与真实案例，使学生了解体育理论与技术动作，并认真观察细节动作和难度动作。线下学生要不断练习来达到视频中要求的标准，并将所学理论与动作运用到实践中，以实现理论的升华与技术水平的提升。

第四节　高校公共体育教育评价的发展与改革

体育教学评价是以体育教育为对象，对教育效果进行的价值判断，即根据教学目的对体育教育过程及教学效果进行判断，以提供体育教育的反馈信息，改善和优化教育活动的过程。是实现激励、竞争、协调、控制、管理等各方面功能的过程，其目的是为制定科学的体育教育决策和更好地发展体育教育提供依据。体育教育评价对教育活动的发展变化及构成因素所进行的检查和评定具有积极意义。

一、高校公共体育教育评价的基本特征

（一）全面性

体育教育评价是一种特殊的综合检查和总结活动，它是一项有组织、有计划、有目的的综合性活动，是对体育教育及其过程进行全方位、多角度、

多层次的一种检验、反馈和调控活动。体育教育评价几乎涉及了体育教育的所有方面，包括体育教育管理、教学目标、教学模式、教学方法、体育教育环境、体育教育条件、体育教育效果、体育教师的施教、学生的反馈，以及组织、实施等全方位的评价。

（二）指导性

体育教育评价是按照一定的教育目标，确定一定的标准，通过对教育实施过程中的监督和记录，再根据体育教育目标和教学效果存在的差异，以及造成的具体原因或各种影响因素进行分析与判断，最终形成的结论将作为后续体育教育发展和改革的重要依据。它能明确地反映出体育教育的评价理念、发展趋势、方法和措施等，引导体育教育的调节、改善和发展。对教师及其教学活动都有直接的指导意义。

（三）综合性

体育教育评价的过程既是测量教育效果的过程，也是对各种评价信息进行研究的过程。在评价过程中，根据评价的标准和目的，用一系列的手段和方法采集、整理和分析信息。由于不同的意识形态和价值判断标准，人们必然会对这些研究信息产生不同的看法和观点，这能进一步地推动人们去进行深入的思考、分析和探讨，从而可以有效地促进体育教育的研究与发展。

（四）全体性

体育教育评价往往是一项多方参与的群众性的工作，具有鲜明的动态性和差异性，需要评价者与被评价者之间相互密切合作，同时要动员与之相关的人员共同参与，共同参加检查、评估和总结，这样才会产生准确、全面、真实、客观的评价效果。

二、高校公共体育教育评价范围与内容

（一）对行政管理工作的评价

目前体育教育评价对行政管理的工作评价，主要体现在对教育领导工作

的评估，它的核心是观察领导对体育教育工作的重视程度，是否从根本上把体育教育放在学校教育工作的重要位置上，还是仅做了表明工作。对体育教育的全面重视应该从统筹管理的层面可以看出是否能在人力、物力、财力等各方面给予支持和保证，是否加大投入与监管。就学校体育教育而言，对体育教育管理工作的评价主要包含以下几点。

（1）学校是否有专人领导和负责体育教育工作。

（2）学校是否把体育教育工作纳入议事日程，并定期进行研讨与工作发展规划。

（3）学校对体育师资队伍的聘用、培养、管理是否建立了科学、严谨的制度。

（4）学校每年对体育经费的投入是否达到合理的比重。是否对必要的体育教学条件做好更新、优化与维护管理，包括但不限于体育馆、球场、操场、体育电教设备，以及相应的体育器材等。

（二）对体育教师队伍的评价

体育教师队伍评价包括对教师的专业背景、过往成绩、敬业精神、职业道德、教学能力以及年龄结构、性别比例、学历结构等进行全面的评价。争取客观地反映出体育教师的综合能力和胜任程度。比如体育教师的业务水平是否与其年龄资历相符；是否积极参加各种在职培训和专业技能提升的学习活动；是否在本职岗位上有突出的贡献；是否具有优秀的科研水平；是否赢得学生的喜爱，等等。

（三）对体育教学工作的评价

对体育教学工作的评价主要围绕着教学计划的实施过程以及教学效果而开展。比如，教学计划是否如期落实，教学过程是否顺利成功，教学结果是否达到预期等。另外，还要考察教学过程中直接相关人如教师、学生以及间接相关人如家长等的反馈情况。还要考量与往期相比，教学工作取得哪些进步或者突破，做出哪些有贡献的成绩等。是否建立一些有积极意义的活动，比如组织优秀教师的公开课、教学观摩课以及教学研究成果讨论、定期的交流沙龙活动等。

（四）对体育场地设施的评价

体育场地设施是否达到教学目标所需的要求，是否根据国家要求进行配置，体育场地设施是否符合安全要求，是否有专人管理和定期维护，是否满足举办大型体育比赛的要求，以及是否能够参与当地社区体育发展建设的要求，具备服务社区的能力。

（五）对学生学习效果的评价

学生的学习效果是对教育评价的最核心部分，如果没有好的学习成果，其他都将成为空谈。因此，对学生学习效果的评价务必要科学、全面和客观，不可以唯成绩论，要以学生的运动行为作为客观检测指标。主要包括体质状况、运动能力、主动投入的时间、对集体体育活动的参与程度、体育锻炼达标程度、学习意愿和态度、运动技术的掌握情况、对比赛胜负的心理承受能力以及与同学的合作精神等。

（六）对课外及校外体育活动的评价

高校的体育教学评价还有一项重要的内容是课外以及校外体育活动的参与度以及取得的成绩、是否具备一定的影响力等。高校的课外和校外体育活动的开展情况可以从以下几个方面进行评价。

（1）是否严格按教学计划使"两课、两操、两活动"得到合理的安排和落实而没被挤占，即每周 2 节体育课、每天做好课间广播体操和眼保健操、每周上好 2 节课外活动。

（2）是否定期组织学生进行身体锻炼或体育比赛活动、校运动会。

（3）是否做到保证学生每天 1 小时的体育活动，且体育活动的质量较高，它表现为在内容上有连续性、在形式有创新性、在情绪上有激发学生主动进行体育活动的效果。

（4）是否参加市、区、县级以上的体育活动的评级和精神活动。

（5）是否取得校外体育活动的优良成绩，是否培养出体育成绩突出的学生。

（6）是否组织学生参加社区体育活动或各种群众性社会体育活动。

（七）对体育科研能力的评价

对体育教育的评价不仅仅是对现有教学情况、教学过程和教学结果的评价，还应该包括对科研能力的评价。对高校和教师的科研能力的评价具体包括以下内容。

（1）是否定期举办公开课评比或优质课的评选活动，鼓励教师进行横向学习与纵向对比。

（2）是否在省级期刊杂志上公开发表相关的体育教学或运动训练方面的论文。

（3）学校对体育教研的投入程度，包括对相应信息资料的提供，对教师科研活动的支持、对科研管理制度的不断完善等。

（4）是否有明确、具体的教学研究与科研计划。

三、高校公共体育教育评价方法

（一）相对评价与绝对评价

相对评价法是以被评价对象为集合，选取其中一个或若干个作为基准，然后把集合中的其他各个对象与基准进行比较，从而确定各个个体在这个集合中的位置。相对评价是一个相对标准，它反映的是个体在集体中的相对位置，需要注意的是，在该集合中具有较高的位置不代表在其他集合也能够表现优异。

最典型的例子就是，在跳高运动中取得优异成绩的学生，不代表在马拉松比赛中也排在较高的水平，因为这是两个集合，具有不同标准，离开集合的成绩则失去意义。

与相对评价相反，绝对评价法是以被评价对象为集合，但不考虑该集合的现状，在被评价集合之外重新确定一个客观标准，将评价集合中的各个对象与这个客观标准进行比较，从而判断各个个体与目标差距的一种评价方法。绝对评价相对比较客观，评价标准也不会因为评价对象的不同而发生改变。比如，在对学生进行体质测试时，用于对照评价的各种技能标准以及体育达标标准的各种标准值都属于绝对评价。

（二）个体内差异评价

个体内差异评价法是专注于个体纵向的比较，比如比较个体过去和现在的差异，或者是一个个体在若干侧面的评价。比如，评价一个学生过去和现在的成绩比较，或者是将学生的几个指标进行比较，考察确定其优点或不足。这种评价方法能充分考虑到个体的差异性，但它不与外界客观标准进行比较，也不与同水平的其他个体进行比较，主要用于衡量个体在一段时期内的发展，或者全面评价个体的综合指标。

（三）自我评价

传统的教学评价更多的是指他人评价，而忽视了自我评价。他人评价主要靠客观观察和他人的主观判断，它的不足之处在于他人评价只能对显性指标进行观察，因此评价结果会具有一定的局限性。而自我评价可以更侧重对他人无法看到的隐性内容做出评价。比如对学习态度、学习动机、投入程度、心理状态等方面进行的评价，它涉及对学生核心意识形态领域各要素的评定，但不足之处是相对主观，缺少量化手段，也会因个体的情绪和判断水平而出现较大偏差，评价结果可能忽高忽低，不够稳定。因此，需要将自我评价与他人评价相结合，并在评价双方充分了解和沟通的情况下再进行评价，才能获得全面、真实、正确的评价结论，有助于提高体育课的教学质量。

（四）诊断性评价

诊断性评价是指在教学活动正式开始之前，对教师和学生的准备情况进行评价的方法。诊断性评价在高校的教学工作中通常是在入学后、学年初、学期初或是在进行某一项目的教学前进行，目的弄清楚学生的基础条件，从而可以为教学内容、教学方法、教学标准，以及组织与管理的选择寻找依据，最终实现较好的教学效果。

（五）过程性评价

过程性评价指的是对教学过程的效果进行的评价，主要目的是对教学过程进行科学观察、诊断和评价，及时发现它的积极性和消极性的因素。对积极性因素要进行发扬和加强，对消极性因素要进行干预和修正，目的是获得更理想的教学效果。过程性评价是对教师的教学和学生的学习给予最直接的反馈，有利于他们清晰地看到自身的实际表现，可以及时地与预期和目标进行对比和校正，从而调整不准确的认识和不理想的行为，重新形成更有利于实现教学目标的方法和行为方式。

（六）终结性评价

终结性评价是指在某一阶段的教学工作完成后，为判断其效果而进行的一次性综合而全面评价，以确定教学的最终水平和教学目标达成程度。它可以是对上一阶段体育教学所进行的性质评价，是对教学活动最终效果所进行的评定，并确认达到目标的状态。同时，也可以作为对下一阶段的教学和学习进行诊断性评价的依据。

（七）单项评价与综合评价

根据实际需要组织和选择一些具有代表性的具体教学或学习项目进行评价，有利于发现具体存在的问题和不足，并能有针对性地制订改进方案和措施。但是若仅进行单个运动项目的单独评价又可能造成片面和脱离实际的问题，这不利于评价的实施，也违背了评价的初衷。因此，应将单项评价与综合评价结合使用，以单项评价为基础和起点，以综合评价为目的和宗旨，有利于突出主要问题和矛盾，明确完善和改进的方向及目标。

（八）定性评价与定量评价

定性评价和定量评价往往需要同时进行。定量评价主要是以量化指标为依据的一种评价方法，能起到准确的区分和选拔作用。但仅仅有一定的绝对性数据还不够，它并不能真实反映学生的实际能力和水平。这就需要引入定性评价进行弥补和定性。特别是对隐藏各种心理因素做出性质判定，如学习动机是否强烈、学习态度是否端正、学习意愿是否充分等，只有将定量评价和定性评价相结合，才会得到更加具有现实意义的、可用于进一步指导教学活动的评价结果。

四、高校公共体育教学评价体系的改革

（一）以学生的发展需要建立体育教学评价体系

在高校的体育教学中，应谨记学生始终是教学主体。因此，在建立教育评价体系时，应该以学生的发展需要为出发点，设置相应的评价类目和评价标准。就现实来说，学生的个体发展需要是在以人为本的教育思想指导下，以努力挖掘学生的最大潜力为基本目标，以促进学生的全面成长为基本原则。应该从兼顾知识、品格、能力和方法等多个方面的综合评价。

因此，在促使学生全面发展方面，体育教学体系必须要能够促使学生各方面能力得到有效提高，这也是现代高校体育教学发展的重要趋势，也是当前高校体育教学的基本要求。

（二）以社会的发展需要建立体育教学评价体系

在对体育教学体系进行建构的过程中，应将社会需求的满足程度作为标准。目前，高校体育教学的评价体系存在一定的问题，亟待进行改革。在关注学生个体发展需要的同时，也应该从社会的实际需要出发，并有效地运用先进的科技手段，建立科学全面的高校体育教学评价体系。评价体系不能只关注学生书本知识和理论知识的成绩，更应与社会的发展需求相结合，以国家对人才的需要为根本目标，建立一套有效的教学评价体系，促进我国高校体育教学的进一步改革发挥作用。

第五章 高校公共体育教育 管理的发展与改革

高校的体育教育管理是从根本上决定高校体育教学质量和效率的重要因素。体育教育的管理工作发挥着系统的、全面的和决定性的影响和作用，因此，必须把体育教育管理放在教学工作的首要位置。这里将从管理理论和管理方法两方面着手，通过理论结合实际，以期对我国的高校体育教育管理做出全面的分析。

第一节 高校公共体育教育管理的基本理论

一、体育管理的基本理论

（一）"以人为本"理论

"以人为本"是现代体育管理的基本理论和指导思想，在以人为本理论下进行体育管理，就要以人为核心开展一切体育管理工作，尽可能最大程度地满足人的合理需求和期望。只有使人的需求得到了满足，才能将人的积极性调动起来，促进体育管理工作的顺利开展和管理效率的提升。"以人为本"不是空洞的口号，而是具有真实的内容和丰富的内涵。在现代体育管理中落实以人为本，就要对人的真实需求有充分的把握，对人的积极能动性加以激发与调动，将刚性管理与柔性管理结合起来，并做好利与义并重。

在"以人为本"的管理理论出现之前，"重事轻人"与"重人轻事"的观点曾对社会管理产生过很大的影响。古典管理理论也是管理理论发展中对社会管理产生重大影响的一个重要理论，将经济刺激和制度管理相结合来提高管理效率是古典管理理论的主要观点。随着管理理论的不断发展，行为科学管理理论逐渐形成，提出了"以人为本"的管理思想，指出一切管理活动都要以人为主体，做好人的工作即为管理的关键，具体要充分发挥人的能动性，创造良好的环境，使人有创造性地开展管理工作，提升管理效果，实现理想的管理目标。

将"以人为本"管理思想和理论运用到体育管理中，关键要做好以下几方面的工作。

1. 选人

首先，从时代特征出发而培养人们的时代精神，培养与时代要求相符的人，培养有知识、有才能、有情怀的新人才。

其次，选拔知识丰富，学习能力强，能够学以致用和知行并重的人才。

最后，选拔社会责任感强、意志力顽强、能够为社会创造财富、对社会有贡献的人才。

2. 用人

（1）了解人的个性、强项、优势，使其在体育管理中最大程度地发挥自己的强项和优势。在市场经济条件下，要遵守适者生存和优胜劣汰的市场规则，为了在市场竞争中脱颖而出，每个人都要努力提升自我，表现自己的强项和优势，让上级领导发现自己的闪光点，从而发挥个人作用，为部门做出贡献。领导者要知人善用，合理安排岗位，使每个人从事自己专业擅长的工作，提升效率，创造佳绩。

（2）在用人方面还要明确人的权利、责任，做到权责分明，尊重人的权利，保护人的合法权益，从而要激发人们履行好自己的职责和义务，要有责任心。

3. 管人

这里的管人和传统意义上的管人不同，指的是用科学制度对人加以管理，用激励管理法、动机管理法等科学管理方法将人的能动性、创造性充分调动起来。

（二）系统理论

系统理论起源于 20 世纪 20 年代，但该理论迅速发展及得到广泛应用是在 20 世纪 40 年代之后，这一管理理论的实用价值很强，主要在经济、军事、农业、工业、体育和教育等领域的管理中得到广泛应用。

系统理论的基本观点是，任何事物都是一个由诸多要素有机组成的"系统"，系统内各个组成部分之间密切联系，同时与系统外部环境存在一定的联系，系统内、外环境之间及系统内各组成部分之间是互相联系、互相影响和互相制约的，有机把握系统内部联系，处理好系统内外关系，有助于促进系统功能的增强和系统运作效率的提升。

我们可以将体育看作是一个系统，对该系统的建立、管理及运行本身也是一项系统而复杂的工程。现代体育有三大支柱，分别是体育科学、体育技术和体育管理，体育技术的发展和体育管理的落实都离不开体育科学，体育科学的发展也离不开体育技术和体育管理这两个必要条件。在现代体育管理中，从行为科学理论出发，充分发挥基本管理职能（决策计划职能、组织指挥职能、控制职能等）来促进各项管理要素的有机组合及其效能的发挥，从而完成管理任务。

现代体育管理不同于传统的小生产方式管理，要从不同层次、角度出发来进行全方位管理，全面管理各个层次中的管理对象。现代体育管理系统中的管理主体、管理机构、管理法规制度等都是密切联系的，同时与系统外界环境也保持一定的联系，这符合"天人合一"的传统哲学观，将所有事物置于一个整体中去分析它们相互影响、相互制约的关系。

在系统理论下进行体育管理，重点要做到以下几点。

1. 优化系统结构

优化体育管理系统，主要是弄清管理层次，确保决策层、管理层、控制层等各个层次清晰明了。要合理组建领导班子，不要追求人多，而要以精干、团结为主。

2. 明确系统的目标

（1）要依据科学理论和实践经验而制定符合体育发展现状的正确、具体的系统目标。

（2）要确立不同类型的目标，如长期目标与短期目标；集体目标和个人目标等。要量化目标，以便对照目标而评价管理系统的运行效果。

系统目标不止一个，要分清主次及先后次序，按一定的顺序与逻辑合理排列目标，按目标排序来有条不紊地开展管理工作，依次实现各个管理目标，最后实现管理总目标。

3. 树立全局观

现代体育管理系统中各个组成部分紧密联系，要做好各要素之间的协调工作，从全局视角出发推动系统的整体运作，提升整体效率。在体育管理中既要观察系统的运行现状，又要预测系统的未来运行趋势，预测风险，加强防范，使现在与未来、已知和未知紧密联系，通过实现短期阶段目标而逐步实现长远目标。

树立体育管理的全局观，还要总体设计管理系统的运行规划，出一个整体方案，对系统运行中的薄弱环节做到心中有数，并依据理论与现实来判断系统运行的风险，做好防范准备。此外，要将系统中各要素的竞争与协同关系处理好，二者缺一不可，系统若没有竞争，就失去了前进的动力，而若没有协同，也就不可能向前发展。竞争与协同并存，并保持良好的关系，如此才能推动系统运作，因此在体育管理中不能盲目排斥和消除竞争，要勇于面对竞争，在竞争中前进。

（三）协调发展原理

1. 协调发展原理的概念

可持续发展是当今社会发展的重要发展趋势，同时这种概念也渗透到各个领域之中，对于现代教育管理，尤其是高校教育管理也成为一项重要的教育管理的理论基础。协调发展既包含方法与目的相协调，也包含教育内容和相应比例的协调。比如，在高校体育教育管理中，要处理好普及与提高的关系，要协调好个性化发展与整体上符合社会发展需要的关系。

2. 协调发展原理的原则

在具体是实践中，还需要将理论高度概括为可以指导高校在体育教育管理中的现实工作，提高运用的可行性。协调发展原理的基本原则如下。

（1）协调处理普通学校体育教育与竞技体育发展之间的关系。对于普通高校而言，体育教育的根本目的是提高学生的身体素质，培养体育运动的意识、能力和习惯，而对竞技体育人才的发掘和培养属于相对次要的位置，但是为了发扬体育精神，可以做一些尝试性的布局。两者之间本来也不是绝对的对立，也不是完全割裂的。学校体育与竞技体育是相互促进、相互渗透、相互依赖、不可分割的关系。这也是高校体育教育管理需要关注的地方。

通常情况下，我国竞技体育发展较好，并且在国际上成绩比较领先的项目，就更容易引起学生们的学习热情，而优秀的运动员也会走进校园进行演讲、分享等做一些运动推广和普及的工作。这些对进一步发展我国的竞技体育起到非常积极的推动作用，同时对不断提高学生的运动水平，改善身体健康状况都具有良性的促进作用。

（2）坚持"两点论"和"重点论"。"两点论"是指高校体育管理要同时兼顾学生的身体素质发展和竞技体育教育两方面，不能抓一个放一个，也不能轻视任何一个，只有将两项同时进行，合理协调、有机进行才会得到更好的教学效果。"重点论"是指高校的体育教育要始终把握好工作的重点，即以发展学生身体素质、培养终身体育的意识、能力和习惯为主。所有的工作都以此为重点。

"两点论"和"重点论"体现了高校体育教育管理的协调观和整体观，是体育教育管理要长坚守的主要内容，是保证体育教育最终达到带领学生增强体质、促进其全面发展的良性循环。

二、体育管理技术

体育管理中采用科学而适宜的管理技术有助于提高管理效率和管理质量，尽快实现管理目标，促进体育发展。下面主要分析现代体育管理中常用的几种管理技术。

（一）授权技术

体育管理组织开展各项管理工作主要是为了实现体育管理系统的目标。为了达到这一目标，体育管理组织机构内部对不同职能部门进行了设置，并明确各职能部门的职责和工作任务，同时要求不同职能部门之间要做好协调配合，为了共同的目标而努力。体育管理组织内各职能部门都被赋予了一定的权力，各部门通过行使权力而完成自己的本职工作。

随着我国体育事业的不断发展，体育行政领导每天都要做很多的工作，负担越来越重，压力越来越大。管理者即使再专业、再优秀，也不可能有"超能力",无法独揽所有工作。合格的领导者不仅自己能办事,而且还能给他人授权,让他人办事,提高办事效率。领导者授权相当于运用分身术来完成体育管理工作,如果管理者大包大揽,事必躬亲,则很难提高系统的整体运作效率,也会影响管理组织的活力。

(二) 义利并重技术

"义"者,为道德;"利"者,即利益。中国古代许多思想家都倡导以人为本,义利并重。参加工作,一方面是为了建设祖国,为了发展所从事的事业;另一方面也是为了个人谋生。为个人谋生而参加工作是客观现象,事业与谋生共存。

体育管理系统的领导者要经常考虑下属的利益,关心他们的工资、福利待遇,关心其工作、学习、生活条件。物质利益是连接部门与职工的最基本的纽带,如果不能把握好相互关系,做不到义利并重,也就不可能上下同心。

利己之心客观存在,"利"应该是正当的利,是合理的利。"为人"不是一句口号,而是把追求经济利益与讲究伦理道德有机结合起来,使管理者同时重视"义"和"利",并落实到实处[①]。

(三) 动态管理技术

在信息时代和现代社会背景下,体育管理系统受到内外诸多因素的影响,系统内的组成要素是动态变化的,系统外的环境也处于不断变化发展中,因此我们不能采用一成不变的方法去进行体育管理,而应遵循客观事物的发展变化规律,根据体育发展的实际情况而进行动态管理,突出管理的即时性和有效性。

运用动态管理技术进行体育管理,要做好以下工作。

(1) 局部动态管理。按照体育管理系统的整体运作方案进行局部管理,根据局部情况而采取适宜的管理方式,提高局部管理的效果,进而实现全局管理的目的。

(2) 整体动态调节。从整体上调节体育管理系统,整体优化管理系统,

---

① 顾圣益. 现代体育管理学——理论与应用 [M]. 大连:大连理工大学出版社,2004.

创造良好的管理环境，提高管理水平。通过整体动态管理而推动体育事业的发展。

（四）目标管理技术

以组织目标为导向，要求组织中的每个部门为了实现这一目标，制定出各部门乃至个人的分目标以及实现目标的制度、措施和有效方法，并将目标分为若干个阶段或期限，设立阶段性任务，进行阶段性成果考核。

在体育管理中应用目标管理技术要注意以下几点。

（1）依据目标进行决策。决策必须依赖目标，目标是决策的依据，离开目标无法进行科学决策。确定了目标才能设计出更恰当的方案。

（2）注重成果评价。评价类型包括本部门自我评估、主管部门评估。评价方式包括按指标评估、对事评价等。经过成果评价肯定和奖励成效显著的部门，反之给予一定的惩罚，要以鼓励为主。

第二节　高校公共体育教育管理现状与改革策略

一、高校公共体育教育管理现状

我国高校体育教育经过漫长的发展取得了良好的成绩，培养了大批优秀的体育人才和综合人才，但同时也存在诸多问题，制约了高校体育教育改革与发展的步伐。下面具体分析当前我国高校体育教育改革与发展中存在的主要问题。

（一）场地器材缺乏

不管是开展体育教学活动，还是开展课外体育活动，体育场馆设施都是必不可少的基础条件。我国高等院校体育场地设施的规模、规格等和中小学相比达到了较高的水平，但因为受国家经济条件和教育投入的影响，再加上高校不断扩大招生规模，大量的在校生与较少的体育场地器材构成了明显的矛盾，导致高校体育教育基础设施环境建设面临着剧烈的挑战。高校体育场地设缺乏也与有关部门思想上不重视体育教育有关，当前高校体育教育基础

81

设施条件与新形势下高校体育教育改革要求和趋势严重不符，无法满足高校体育教育的发展需要。

具体来说，高校体育基础设施主要存在下列几个方面的问题。

第一，体育场馆和器材设备数量少，有些体育项目的器材设施严重短缺，制约了体育教育的开展。

第二，高校现有的体育场馆、器材大都是与高校开展的热门体育项目对应的，如田径、篮球、健美操等，而其他体育项目对应的场馆设施则较少，如游泳馆、足球场等。高校体育场地设施配置的单一性使得很多学生的运动需求得不到满足。

第三，高校体育场馆器材大都比较陈旧，存在严重的老化现象和破损问题，影响了正常使用。

（二）教育模式落后

高校体育教育模式以传统的程序化模式为主，其特点是以教师为中心，体育教师严格控制教学过程，忽视学生的自主性和能动性，使得学生的学习积极性受到严重影响。在体育教学中，体育教师过分强调高负荷强度的训练，没有将素质教育理念融入体育教育中，忽视了对学生积极主动性和学习兴趣的培养，重智育和传授知识与技能，轻视对情感态度和综合能力的培养。这表明应试教育观念根深蒂固，素质教育、全面教育、创新教育等现代教育理念还需要很长的时间才能被完全认可并付诸实践。

传统教学观念影响下形成的体育教育模式的落后性表现如下。

1. 教育目标

面向大多数学生的体育教育目标缺乏长远性，面向少数体育后备人才的教育目标虽然有长远性，但教育目标过分强调运动技能目标，忽视了智育目标、素质教育目标、身心全面发展目标等，导致体育教育的本质功能无法得到充分发挥。

2. 教育内容

高校体育教育内容的主要问题在于与中学体育教育内容衔接不当，弹性不足，内容单一，不够丰富多元，缺乏创新，对学生的个性化发展和全面发展不利。

3. 教育方法

高校体育教育方法比较单一、陈旧，存在模式化、机械化问题，而且教师在实施教学方法时重灌输，轻指导，对学生的自主能动性和创造性造成了影响。

4. 教育评价

高校体育教育评价方法比较单一，主要采用终结性评价法、技术评价法，而对过程性评价、情感态度评价及个性化评价不够重视，而且一味强调不同学生之间的横向对比评价，忽视了对学生的纵向对比评价，从而忽视了学生的进步和变化，不利于调动学生的学习积极性。

（三）理论教学薄弱

体育理论教学是高校体育教育的重要组成部分之一，其对体育实践教学具有重要指导意义。通过开展体育理论教学，能够使学生对体育基础理论、基本知识、健康常识、运动保健知识等有基本的了解，并能使学生利用理论知识去指导运动实践。

高校大学生处于青年期，身心发展都已成熟，他们正处于接受高等教育，学习高深知识、寻求个性化发展和实现社会化的关键阶段，但这个时期的大学生也常常忽视运动健身，忽视身心健康与协调发展，从而导致体质水平下降。对此，开展体育理论课教学很有必要，通过理论教学，能够培养大学生的体育知识素养、正确的体育观念和良好的体育态度，使大学生树立终身体育观念，自觉参与体育锻炼。

当前我国很多大学生的体育意识比较薄弱，掌握的体育理论知识不够丰富，体育运动观念也不够科学、准确、先进，从而导致其运动锻炼的积极性不高，运动锻炼效果不佳，体质健康水平下降，并影响了其他素质的协调发展。造成这种现象的原因之一是高校理论课时少，理论课教材陈旧，教学内容的针对性不强，缺乏具有长期性和终身性的教学内容，理论教学内容体系有待完善。

（四）管理水平低下

高校体育工作管理是一个庞大而复杂的系统工程，是高校教育管理系统的重要组成部分之一。当前，我国高校体育教育管理薄弱，管理模式落后，存在诸多问题，与高校管理改革的时代要求不符。管理体系的落后导致体育教育管理的功能得不到充分发挥，体育教育工作得不到很好的监管，使得体育教育出现秩序不规范、质量下降等严峻的问题。

高校体育教育管理水平低下具体表现为管理制度的缺失和不完善，如缺乏良好的激励机制、教育评价机制、教师培养制度等，缺乏科学有效的管理措施，对体育教育中涉及的物质资源、人力资源以及财力资源缺乏全面的管理和有效的配置。

（五）师资建设缓慢

高校体育教师是高校体育课程教学的组织实施者，是体育教育改革的探索者，也是体育教育的研究者。随着高校体育教育的现代化改革与发展，对高校体育教师的专业素质、教学能力提出了较高的要求，但目前我国高校体育教师专业化建设进程缓慢，师资队伍整体水平不高，具体存在以下几个主要问题。

1. 教师数量不足

高校体育教师数量不足是高校体育师资建设缓慢的主要表现之一。近年来，高校不断扩大招生规模，从而培养高素质人才，增加优秀人才储备量，推进人才强国战略，促进我国综合国力的提升。在校大学生的数量与在职教师的数量应保持合适的配比，招生规模扩大后，也要相应增加教师的数量，跟上"扩招"的步伐。但目前高校体育教师的培养速度显然落后于扩招的速度，师生比例严重失调，现有体育教师工作负荷不断增加，最终教学质量令人担忧。

2. 高学历水平与高级职称的教师比例偏低

我国高校在职体育教师的结构不够合理，主要表现在学历结构和职称结构上，具体问题表现为高学历教师和高职称教师在体育师资队伍中所占比例较少，体育教师的学历水平和职称级别水平整体比其他学科教师队伍低。高校体育教师队伍学历水平偏低、职称级别整体不高、结构不合理的现状制约了高校体育教育的深入改革与进一步发展，也不利于培养优秀的高校体育创新人才。

3. 教师专业素养不高

我国高校体育教师大都毕业于体育教育专业，体育教育专业在培养教育人才方面存在重技术、轻理论的弊端，而且在育人方面忽视了将自然科学知识教育与社会科学知识教育融合起来，结果导致体育教育专业学生毕业后走向体育教师岗位后因专业素养较低、综合素质欠缺而无法适应社会发展与教育改革的需求。

（六）学生身体素质不高

大学生是高校体育教育的重要主体，高校体育教育的水平和质量直接反映于学生的体育观念、体育意识、体育锻炼情况及身心素质等方面。调查了解到，很多大学生的体育意识薄弱，体育观念落后，没有养成良好的体育锻炼习惯，课余时间参加体育活动的学生以男生居多，女生较少，大学生掌握的健身锻炼方法较少，运动能力较差，运动保健技能水平不高，最终导致身体素质较差，体质健康状况不理想。大学生体育观念落后、体育锻炼行为习惯不佳以及身体素质水平不高与高校体育教育内容单调、体育教育方法落后有直接的关系。

（七）教育技术落后

现代教育技术的兴起与发展及其在高校教育中的不断渗透与广泛应用促进了高校教育水平的提高，对高校各学科教学都有积极的促进作用。但现代教育技术在高校体育教育中的应用相对其他学科教育是比较少的，这与高校体育教育观念落后、体育教育实践课在室外这一特殊环境下进行直接相关。教育技术落后限制了高校体育教育的改革与发展，这个问题具体从以下几方面体现出来。

第一，体育实践课的实施场地是室外运动场，现代教育技术需要在固定的地点才能有效实施，这就制约了现代教育技术在体育实践课上的应用，使现代教育技术无法服务于体育课。

第二，不同的体育教师在教学观念、教学能力、业务素质等方面各有差异，因此对将现代教育技术运用于体育教育中的态度也不尽相同。有的体育教师对现代教育技术不熟悉，操作能力差，因而在体育教育中放弃了对现代教育技术的运用，最终制约了现代教育技术的普及。

第三，高校现代教育平台缺少专门的体育教学网站，现有的网络教学平台结构功能有待完善。

第四，体育教学中电子教学课件的制作比较难，课件缺乏较强的操作性，因而在体育教育中很少开发通用性的教学软件。

第五，部分体育教师过度依赖计算机教学手段，无论教育内容是否适合运用多媒体课件来传授，均制作多媒体课件进行教学。

第六，体育教师尚未全面了解现代教育技术的内涵，简单地认为现代教育技术就是现代化的教学工具和教学手段，在运用时没有将其与教育过程深入融合，制约了现代教育技术功能价值的发挥。

二、高校公共体育教育管理的改革

（一）管理思路的改革

高校公共体育教学要想实现健康、快速、科学的发展，需要在管理理念和思路上先做出改变，然后在实践中进行尝试。具体来讲，体育教学管理思路的创新具体可以从发展战略、管理理念、经营策略、经营思路与方式方法等多个方面着手。

管理思路的创新并非易事，为了确保思路创新的方向正确、效果积极，就需要有众多教学经验丰富的专业人士艰苦卓绝地钻研与努力，一旦思路正确，就会成为体育教学管理的制胜的法宝，甚至会给体育教学的管理工作带来划时代的影响。高校公共体育教学管理及实践应根据经济、社会发展对体育需求的新情况，确立体育发展的新思路。随着素质教育理念的提出，体育教学成为最佳突破口，这也在无形之中给高校公共体育教学管理的思路创新带来了契机。

（二）管理方式的改革

管理方式是落实管理计划的具体手段。高校公共体育教学管理的方式是对实现体育教学管理目标的方法、手段、措施及对策的总称。随着新技术、新手段与体育教学的不断结合，体育教学管理方式也要随之创新，如在学生体质健康监测管理中，需要随着监测指标的更新购置与之匹配的监测仪器，规划新兴体育教学内容的场地和设备，等等。通过体育教学管理方式创新，可以提高公共体育教学管理效率和管理水平。

第三节　高校公共体育教育活动管理

一、高校公共体育课堂教学管理

（一）课堂教学目标的管理

1. 课堂教学目标的管理原则

课程教学目标的设置与阶段教学目标、学年教学目标以及单元教学目标的设置方法有所不同。课堂目标更注重即时效果，需要着重关注教学活动的实施、师生互动效果以及学生的反馈情况，教师需要对即将讲授的内容做充分的准备和预期，对学生的不同反应能及时做出合理的回应。并且能够根据课堂的实际情况做出灵活的调整，以确保课堂教学目标顺利实现。

一般而言，设置课堂教学目标时需要遵循以下几个原则。

（1）要根据学生的实际需求，依据地方、学校、场地、天气、器材和学生的具体情况而制定。

（2）课堂教学目标要具体、明确、可操作、可测量，能够被绝大多数学生接受。

（3）避免单一性和机械性地制定课堂教学目标，可根据课堂的现场情况进行合理、灵活的调整，以达到更好的教学效果为目的。

（4）课堂教学目标还要充分照顾到各个水平的学生的学习需要。

2. 课堂教学目标的管理策略

（1）在确定课堂教学目标时，要尽量全面地实现一节体育课应包含的所有因素。比如，既要有运动参与、运动技能、身体健康的目标，又要有心理健康、社会适应的目标，并且各项目标要有机结合、相互促进、统筹兼顾、协同达成。这些因素之间应该彼此交融、互为呼应，形成一次目标明确且信息综合的教学活动。促进学生在知识、技能、情感体验、学习态度、意志品质、合作精神以及价值观形成方面都能得到发展。

（2）合理安排目标的层次性、可接受性和适度性，依据课堂的整体情况来确定具体的执行方案。要充分考虑学生的生理机能、机体适应性规律、动作技能衔接情况、身心发展表现，以及课堂练习的可操作性。比如，可以先确定课堂教学目标，再考虑可执行的科学锻炼的程度，同时还要融入品质教育、情感体验、合作精神、行为表现等目标的协同达成。

（3）要注意理论与实践相结合，并做到合理搭配，让学生边学习边实践，教师应在课堂教学中灵活调整教学安排，根据学生的理解情况和练习情况，可以增减理论和实践的时间。但是一般而言集中讲授时间不应超过课时的10%。

（二）课堂教学内容的管理

1. 课堂教学内容的管理原则

在"目标统领教学内容"的理念下，不再硬性规定具体的课堂教学内容，这是一种目标管理指导思想，因此对具体选择什么内容给予很大的空间。只要是有助于激发学生的体育学习兴趣，有助利于提高学生的身心健康发展，能够加强对学生的创造力、主动性、心智成长等方面的发展，允许体育教师根据实际教学情况进行选择和取舍，它充分地尊重了教师和学生对教学内容的自主选择权，也因此激发了学生的主动学习意识，扩大了课程资源的采集范围，让教师和学生合作对课堂教学内容进行选择和确定。但是，这并不意味着可以天马行空随意选择，教学内容必须符合以下几点基本要求。

（1）符合单元和学年的教学目标的要求。

（2）符合学生的身心发展需要，符合该年龄阶段和性别的特征。

（3）能够满足大多数学生的个体差异的学习需求。

（4）运动形式活泼，能激发大多数学生的学习兴趣。

（5）具有健身性、知识性、科学性、娱乐性、教育性、实践性、生活性等特点。

（6）对增强体能、增进健康，促进发展学生积极、主动的心理品质有积极意义。

（7）具有较强的可操作性，符合现有的客观条件。

2. 课堂教学内容的管理策略

（1）依据目标选择教学内容。课堂教学内容的选择首先需要依据教学目标的设置，根据各学习时段的教学目标，以及课堂教学目标，再结合当下的场地、天气、器材等客观条件，以及学生的学习状态、身心特点进行具体的选择。比如，原定的课堂教学目标是篮球三步上篮的考试，但是由于暴雨突袭而无法进行，那么就应该做及时的调整，或者按照预案进行室内的相关基础技能的训练。或者，虽然天气情况良好，但是由于期末考试临近，有不少学生近期有熬夜温习功课的情况，因睡眠不足而出现过度疲惫、精神不佳的状况，如果此时进行考试，不仅会给学生增加更大的精神负担，而且考试成绩也不会太理想。因此，体育教师在选择课堂教学内容时，需要考虑多方面的因素，争取为学生创造最佳的学习体验。

（2）以学生为主体选择课堂教学内容。在一定的教学目标要求下，教师还要努力站在学生的角度，充分考虑学生的兴趣和学习需要，将"教"的内容转化为"学"的内容，将"竞技化"内容转化为"娱乐化""实用化""生活化"的内容，并尽量选择符合时代特点的、与当前学生的兴趣爱好相贴合的教学内容，这样才能最大限度地激发出学生的学习热情和学习积极性。

（3）创造性地运用教材。体育教师应该充分发挥课堂教学内容可以灵活性选择的优势，在当"目标统领内容"的前提下，打开脑洞积极发挥自身的创造力。使教学内容不拘泥于现有的教材规定，只要能够达成教学目标，教师可以大胆地将其引用课堂教学，不仅丰富了教学资源，而且也有助于提高学生的学习兴趣。比如，体育教师可以利用互联网与多媒体技术手段，选择体育前沿最新的资讯和素材，不断扩宽学生的视野，培养和发展学生的体育兴趣。

（4）对教学资源创编加工。体育教师对课堂教学内容的管理，还可以通过对现有资源的进行创造性的编辑加工来体现。比如，为体现体育与健康教学的"健身性""娱乐性""生活性""拓展性"等特点，可以进行更多的游戏性与趣味性的改编，既达到体育教学的目的，又达到愉悦学生身心的目的，让学生在轻松愉快的过程中进行学习。这就要求教师具备较强的创造力，能够对各种教学资源合理地增加情趣性，能够从学生的情感入手，使教学内容具有一定的情景性，更有助于学生的投入，比如增加游戏、比赛、表演等形式，广泛挖掘课程资源，为实现教学目标创造条件，促进学生的全面发展。

（5）注重教学内容的系统性和连贯性。在突出课堂教学内容的灵活性、创造性的同时，也要注意保持内容的系统性与连贯性，即尽管可以灵活地调整和创造性地进行改编，但是都不能在整体上脱离教学系统，并保证前后教学内容具有一定的连续性，使前后内容有衔接和呼应，如此才能保证体育教学的系统性，而不是破碎的、凌乱的。在不同阶段安排恰当的内容是为了便于学生对整体的掌握，和技能的达成，但是当学期末将所有的内容整合后应该具有较强的逻辑性和完整性。

（三）课堂教学方法的管理

课堂教学方法就是为了达成教学目标，在教学活动过程中所采取的教学方式、途径和手段。它反映了一定的教学思想，实现特定的教学功能，具有明显的针对性和实效性，在功能上与教学目标和教学内容保持一致。

其实，在确定了课堂教学目标、内容后，教师对教学方法的选择范围也已经初步有了判断，知道会选择哪种类型的教学方法。由于学生存在着兴趣、爱好、动机、体能、智能、认知、性格、思维方式、认识规律等诸多方面的差异，因此导致他们的学习方式也千差万别，这就需要体育教师全面地把握学生的各项特点，然后选择与该棘突相适宜的教学方法。在管理教学方法时一般需要遵守以下几个原则。

（1）学习准备。学习准备包括学生的主观准备和客观准备。主观准备是指学生的学习意愿、目标、动机、兴趣以及是否主动进行探索和预习等。客观准备包括学生的知识基础、技能基础以及身体素质的基本条件等。只有主客观都做好一定的准备，才能让教学更加顺利地进行。因此，体育教师在对课堂教学方法进行管理时，在确定具体的教学方法之前，必须走到学生中间去，对学生的各种主要情况进行真实地、具体地了解和评估，在基本掌握学生的一般特征和学习风格之后，再确定教学方法，只有这样才能做到"有的放矢"并真正地提高教学效率。

（2）适当指导。在体育课堂上，教师要谨记把大部分时间都留给学生进行实践和练习，而教师的主要职责是讲解教学目标和教学内容后，作为课堂的组织者和监督者，学生是课堂的主体，教师仅在必要时候提供指导和错位纠正。学生进行运动技术的尝试练习时，教师应给予适当的启发与引导，并且这种指导多是方法上、思维上的引导，要留给学生充分思考、探索和想象的空间，逐渐培养学生自主学习的能力，并最终形成即使在没有教师的指导时也能自主进行学习。这对于培养学生学习意识、学习方法和学习能力都有重要意义。另外，教师还可以设计分组讨论、互帮互教，发挥学生的协作能力和探究精神，从而提高学生的人际交往能力和社会适应能力。

（3）重复练习。重复练习是体育运动的主要手段，同课堂上有组织、有计划地重复练习，可以让学生快速地掌握运动技能。因此，无论是哪种项目，无论选择怎样的教学内容，都必须采用重复练习的方法。只有通过反复练习，学生才能获得知识与技能、过程与方法、情感态度与价值观，达成多种教学目标，当然重复练习应考虑练习次数的适宜性。教师应该根据情况调节重复的次数和练习的时间，以保证它的合理性、有效性和安全性。

（4）及时反馈。现代体育教学强调以学生的学习为主、以教师的教学为辅。那么作为学习主体的学生，他们必须对自己的学习进程有清楚的认识，要知道自己的练习目标是什么、该如何练习，做到什么程度，最后得到怎样的效果等。因此，教师要及时地对学生的学习和实践提供客观准备的反馈信息，对学生的错误及时纠正，并用亲切、自然委婉、通俗的语言适时地提示和指导动作，让学生明白成功学习后能够获得的益处。

（5）个别差异。最后需要注意的是，体育教师要重视学生的个体差异，存在着兴趣爱好、动机需要、体格气质、习惯、情趣、认知、身体机能运动能力和思想认识及学习方法等方面的个体差异，这些差异决定了学生的学习速度和方式的不同。因此没有一种方法可以适合所有学生的特点。这就要求教师在管理教学方法时要十分灵活，并且对重点、难点教学内容要准备不止一种教学方法，通过多个角度的讲解，保证绝大多数学生都能掌握课堂内容。从而做到因材施教、区别对待，促进学生的个性发展，使每位学生都能够在原有基础上得到一定程度的提高。

（四）课堂教学过程的管理

课堂教学过程就是实施教学行为的过程，是教师教学艺术的集中体现。

因此，对课堂教学过程的管理，可以直接反映出教师的教学水平和综合素质水平。当前的体育教学已不再是单纯的传授知识和技能的过程，它更多的是解放精神、体验美感、陶冶情操、培养情怀、释放个性、全面发展自我的过程。因此，教师对课堂教学过程的管理很多时候在于激励、唤醒和鼓舞。教师进行教学时，要始终明确"健康第一"的教学目标，并选择有利于达成健康目标的教学方法，同时要关注学生的个体差异和学习接受能力，对教学实施过程进行实时管理和调控。在具体的实施过程中，要把握好以下几个原则。

1. 课堂教学过程的管理原则

（1）明确"健康第一"的教学原则

体育教师要始终把促进学生的身体健康、全面锻炼学生的身体素质作为体育教学活动的指导原则，并且在实施过程中随时进行监督和调整，一旦偏离应立即纠正。要全面贯彻"健康第一"的指导思想，树立全新的健康教育观念，把健康作为教学的目标和灵魂。体育教学过程是生动的、活泼的，同时也是充满挑战和未知的，但是作为体育教师应该始终清晰地把握好"健康第一"这一原则。把学生的健康意识、锻炼习惯、卫生习惯和安全锻炼放在首要位置。在教学目标、教学内容和方法的选择以及教学实施过程，都要体现"健康第一"的原则性。

（2）重视教学过程的充分性和有效性

体育教学过程是一个丰富、有趣充满探索精神的过程，也是集艺术与体育于一体的。体育教师要把各种技术、技能动作创编成具有丰富情境的"游戏""故事""比赛"等形式，使枯燥、单调的体育技能训练结合一些充满游戏色彩的情节，从而可以很好地激发学生的学习动机和学生积极性。使学生边学边用、体会到体育运动的乐趣，从而达到良好的学习效果。

2. 课堂教学过程的管理依据

（1）以学生的兴趣为依据

兴趣是最好的老师，具有兴趣可以让学生持续产生学习的动力，不断探索新的知识与技能，使学习过程更加顺利和有效。因此，教师在管理课堂过程时，应该从学生的运动兴趣出发，督促学生积极、主动、自觉地参与体育锻炼，并逐渐养成终身体育的意识，培养终身体育的能力和习惯，将体育活动作为生活的重要组成部分。另外，学生的运动兴趣直接影响着学生的学习行为和效果。因此，体育教师在教学中，应把激发和保持学生的运动兴趣放在中心位置，作为工作的重点。对于一些枯燥的环节应该尽量通过设计和巧妙的安排，与学生的运动兴趣或学习动机相连续，或者也可以通过情景教学激发学生的主动参与意愿。总之，体育教师对课堂过程的管理应该以学生的兴趣为重要依据，能够及时调整内容和方法，使学生的兴趣一直保持在较高水平，这是实现学生的由被动学习、机械训练向主动参与积极探究转变的根本途径。

（2）意志品质的培养，是体育与健康教学的情感目标

对教学课堂过程的管理也是对学生情绪和体验的管理。只有学生的体验保持在正面的、积极、主动的、享受的水平，才会投入足够的注意力和情感，才会收获更好的学习效果。人的身心发展是和谐统一的，运动实践行为不仅始终影响着、改变着身体机能，而且也同时影响着人的情绪和各种心理感受。体育运动对于学生的自尊、自信有很好的促进作用，还可以帮助学生及时排解负面情绪，如焦虑、紧张、抑郁等。体育教师应该在体育课堂上充分调动其学生的正面情绪，形成良性的循环，进而帮助他们克服一些学习压力、升学压力，以及可能由此产生的厌学、厌世，自暴自弃等不良情绪。人体在体育运动中，会分泌出多种有益激素，从而可以调节情绪、振奋精神，并获得愉悦的体验。尽管体育运动充满挑战性，也具有相当的难度，但是，体育教师应该通过合适的手段和方法，让学生能够更多地体会到运动带来的积极影响，而非疲劳、枯燥等消极情绪，这也是考验体育教师教学水平的一个重要方面。

（3）以增强学生的体能为目标

高校的体育教学过程，是培育学生养成运动习惯，从而发展和增强体质的过程。因此，体育教师对课堂过程的管理要关注学生们的训练方法是否正确，是否获得良好的训练体验，并且经过一段时间后，学生的体质是否得到明显的加强和提高等。由于高校学生都已经不如青年，以及具备了成年的自我管理能力，因此高校的体育课堂具有更多的灵活性和自主性，教师不必对学生的学习互动与交流做过多的管理，而是应该把主要精力放在督促他们切实提高身体素质、增进体育技能的方面。与此同时，教师在教学过程中应留给学生培养和发展能力的时空，促进学生完全自然地发展，成为"他要成为

的那个人"，满足社会对人才的多样化需求。

（五）课堂教学常规的管理

体育课堂教学管理是体育课堂教学的主要工作与任务之一，也是影响体育教学效率和质量的关键环节。为了保证体育课堂教学的顺利开展，保证高效实施教学方案，保证按时完成教学任务，取得良好的教学效果，体育教师和学生都要严格遵守课堂教学常规，自觉规范自己的言行，并相互监督，共同维护课堂秩序，共同创建理想的教学环境，共同为实现课堂教学目标而努力。

体育教学常规包括教师上课常规和学生上课常规两个部分，因此要针对教师和学生分别对《体育课教师上课常规》和《体育课学生上课常规》进行制定并不断完善，这是管理人员督促检查体育教学工作的重要依据，也是体育教师管理学生的重要依据，管理人员根据规定对教师的教学行为、学生的学习行为、课堂秩序予以规范和约束，保证教师与学生安全、顺利地完成教学任务和学习任务。一般来说，教师的教学常规主要表现在教案、着装、时间、对场地器材的使用、管理学生、考核等方面；学生的上课常规主要表现在考勤、着装、课堂秩序、使用场地器材、请假等方面。在体育教学常规管理中一定要重视课堂安全管理，时刻谨记安全第一，在安全的环境下展开教学工作。

二、高校课余体育锻炼管理

高校学生的课余体育锻炼是学校体育教育的一部分，也是高校体育工作的基本任务。通过课余体育锻炼，可以增强学生体质、提高学校体育运动水平、丰富校园文化生活、推动学校体育的发展。因此，在开展课余体育锻炼的过程中，需要进行必要的管理，有效地推动高校教育教学的顺利发展。

（一）高校课余体育锻炼的特点

高校的课余体育锻炼，主要是针对一部分具有一定体育运动天赋或者具有较强兴趣的学生进行体育训练，进一步地培养他们的竞技能力。一般地，具有以下几个特点。

1. 业余性

高校课余体育锻炼是一个有计划、有目标、有具体措施的相对专业的组织教育过程。这一过程既不同于专业运动员，也不同于广大学生在课余时间自行开展的为增进健康、娱乐身心的体育锻炼。它是在高校体育教师的指导下，进行系统的、有一定指向性的锻炼活动。但整体上仍然属于高水平的业余体育运动队的活动。

2. 系统性

高校课余体育锻炼的系统性是指训练的不间断性和相对专项性。这些参加锻炼的学生基本上是经过选拔的具有较强体育特长的青年学生，而课余体育锻炼的目的就是在现有的基础上，对他们的运动能力和运动技能进行更加系统地培养，即锻炼是一个连贯的变化过程。因为，任何技能的培养都需要建立在长期训练的基础上，并且这一过程是不间断的和系统的。只有这样，才可能使个体获得生物学改造，使技术水平得到显著的提高。

高校课余体育锻炼经过多年的摸索和经验总结，已经具有十分成熟的训练体系，并且具有一定的专项性特点。

（二）高校课余体育锻炼的原则

高校的课余体育锻炼原则是依据高校体育训练活动的客观规律、经过长期的实践活动而总结出的一套成功经验，一般体现为以下几点。

1. 以科学训练方法为原则

人体具有十分强大的统一性，在各器官之间是相互联系和相互影响的，因此训练过程中必须以科学训练方法为原则，这是保证训练效果和训练安全的基本前提。体育训练表明，机体所掌握的各种动作技能、各种身体素质具有能力迁移的特点。因此，科学训练是提升运动技能最快最有效的方式。一般训练与专项训练的有机结合。有利于多种训练的技能和素质向专项进行良性的迁移，从而使运动员身体、技术全面发展，持续提高训练效果和运动成绩。

2. 周期性和持续性原则

高校的课余体育训练具有一定的周期性，它是以循环往复又循序渐进的方式进行的。每一个周期学生的训练水平都比前一周期有所提高，运动训练就是以这样的过程不断地积累效应，最终提高运动水平。一方面，因为周期性原则符合人体发展的基本规律；另一方面，通过周期性的、不间断的训练，才能使学生运动技能形成稳定的水平和状态。如果可以锻炼以断断续续的方式进行，那么同一个学生，他的运动技能的提高会出现截然不同的效果，断断续续的训练效果远远不如周期性、持续性进行锻炼的效果更稳定、运动技能更高。

3. 适宜负荷训练的原则

适宜负荷的原则是指，根据学生实际承受能力和人体机能的训练规律，以及提高学生运动能力的需要，进行综合评估，然后在训练中给予相应量度的负荷，并以大、中、小负荷相间进行训练，直至最终取得理想的训练效果。若要同时满足提高运动水平和安全训练两个条件，则必须选择适宜的负荷进行训练。

除了适度的训练负荷之外，其次还要有节奏地、循序渐进地加大运动负荷。在一次大负荷训练后，应给学生安排足够的休息时间，并在后续训练中，适当安排中、小负荷训练作为调整，以保持训练效果。而训练中处理好负荷与强度的关系至关重要，因此，需要在教师的指导下，依据人体发展规律进行科学合理的训练安排，才能保证课余体育锻炼的有效性。

4. 区别对待训练的原则

每个学生都存在着个体差异。即使同一个人，在不同阶段、不同时间，也会有不同的身体状态和情绪变化。这表明运动训练过程具有明显的个人针对性。同时还要根据训练周期安排的不同阶段和训练任务的不同，训练的负荷与方法也应有所不同。同时还要考虑各地气候、器材、场地等外界环境的因素进行调整。

这就要求高校教师要全面了解学生的个人特点，并根据学生的生理、心理、智力及训练水平等方面的特点，分别安排训练计划。在选择训练方法时还要注意对不同性格的学生也要有所区别。比如，性格内向的学生则要注意用温和的语言和措辞，多采取鼓励和注意情绪疏导；对于训练水平高的学生负荷量相应增大，训练水平低的学生则要施加较低的负荷量。另外，区别对待还体现在训练的不同阶段。例如，在训练的准备期，要加大运动量，在比赛阶段，则要适当提高运动强度。

5. 直观性的训练原则

直观原则在体育训练中一直具有重要的意义。作为一项运动科学，体育运动的绝大部分环节都是通过直观的形式进行表达的，因此，在训练中教师可以充分借助各种感官资料对学生进行训练。学生在学习和掌握动作的练习时，一般都是沿着直观（具体、生动的思维）、实践（建立动作表象、学习和了解技术要点）、建立概念（形成抽象思维）、学会和掌握动作技能的思维认识程序进行的。教师要善于使用示范与分解示范相结合的方式，并且正确示范与错误动作示范相结合。对难度较大的技术动作，可以采用保护和帮助，以加强触觉和本体感觉，建立正确的动作表象。

（三）课余体育锻炼的管理任务

1. 加强训练计划的制订

各高校体育教师要根据学生年龄、身体素质、项目特点等科学合理地安排训练，加强对训练计划的制订，积极鼓励学生参加校内外的比赛、运动项目，从而不断地检验训练效果，提升训练信心。高校教师还要制定多年、年度、阶段和课训练计划。保证训练计划顺利实施是运动队管理的首要工作，在执行时要严格，并定期检查、修订。

2. 加强学生的思想教育

运动训练不仅是对人的有机体的生物性改造，也是对人的思想、品质、意志等方面的提高。从本质上说，课余训练过程是育人的过程。思想工作要建立在以人为本的基础上，需要校运动队的管理者和教师做大量的思想工作。激励学生内在的积极性，从"被管"转向"自管"、从"练我"转向"我练"，以保证训练工作任务的顺利完成。

3. 关注学生的文化学习

课余体育锻炼是在保证学业正常发展的前提下进行的。文化课的学习和全面发展是学生运动员的基础，也是搞好训练的保证。如果文化课成绩太差，则应该抓紧补习，尽快赶上。否则也会影响日后的训练，不仅不利于完成学校培养目标，影响学生的成长，反而适得其反。作为体育教师也有责任和义务配合其他各科教师的教学安排，督促学生运动在训练的同时要搞好文化课的学习，不能顾此失彼。

4. 加强学生的生活管理

为了保证课余体育训练工作顺利进行，要解决学生生活中的一些基本问题。比如，饮用水、饮食、洗澡及卫生防疫问题；适时教给学生有关营养、训练后解除疲劳以及伤后恢复等方面的知识；学校和教师要对安全和医护做好充分的准备，对器材和场地的使用、维护和管理工作，以及合理安排学生的训练班次表等。同时建立健全各种规章制度，保证训练的顺利进行。

（四）课余体育锻炼的管理内容

1. 选材

根据我们国家的国情，我们的体育场馆资源、体育器材及体育师资都相对稀缺，训练经费不足，在这样的条件下，高校必须在选材方面提高标准。课余体育锻炼主要是针对那些有较好的体育基础，具有某方面的潜质，是有望培养成才的体育特长生或资优生，并且，他们应该在身体、机能、心理、智力等各方面符合运动专项的特点。把有限的资源用在最合适的地方，在进行选材时，要从思想品德、体育综合表现、学习成绩、学习态度等方面进行全面的考核，在各方面都能达到一定的要求的学生才能进行训练。科学选材有利于发现具有运动天赋的少年儿童，避免人才资源的浪费。

运动员竞技能力中的一部分因素是能够通过后天训练产生明确改变的，即是可训练的，而另一部分因素则主要是由遗传特征所决定的，也就是先天性的。因此，在选材时要注意，寻找和发现先天性竞技能力高、后天的可训练性又强的运动员，是选材的具体目标，是顺利完成多年系统训练过程的保证。选材因为具有较大的复杂性与社会诸多因素的影响，难免有疏漏和误判，教师在工作中应该尽量做到周密细致，如果事后发现被选择学生并不适合进行课余训练，或者有资质较好的学生未被选出，都应该及时作调整，一切以训练的根本目的服务。

2. 体能训练

体能训练是指运用各种有效的训练手段和方法，目的是增进运动员的健康、改善身体形态、提高机体的机能水平、全面提高身体素质，为掌握运动技术和战术做好准备。

高校在进行课余体育锻炼的体能训练时要注意以下几点。

（1）体能训练要全面。青年学生正是身体机能发展最好的阶段，如果能在高校期间得到教师或教练的专业的、加强的指导，则可能得到很好的发展。但青年学生的一般体能训练应主要要全面进行，争取让学生的所有技能都得到充分发展，各种潜力能得到更好地挖掘。

（2）体育教师应该有意识地积极发现青年学生的专项体育潜能，在训练中要因势利导，争取做到及时发现、及时辅导，让有体育天分的学生得到较好的指导。

3. 技术训练

技术训练概念是指在学生具有一定的一般体能的基础上，培养他们掌握一些常用的运动技能和技巧的学习，并逐渐向专项运动技术的训练过渡。运动技术是完成具体动作的方法，是提高运动成绩的重要因素。因此，作为具有一定专业性的高校课余体育锻炼，教师应该重视对技术的训练，只有让学生掌握了先进的运动技术，才能充分发挥其身体素质和机能的优势，为创造优异成绩做准备。

在进行技术训练时应注意以下几个基本要求。

（1）建立正确的技术概念。每一种运动技术都需要循序渐进地发展，而且要从学生的实际基础出发，不能揠苗助长，不能急于求成。能够入选高校课余训练队的青年学生，都是具备较好身体素质的资优生，对于这些学生，教育应该格外重视发展他们的技术能力，以让学生的体育水平和运动技能得到质的提升。无论是对其个人发展，还是对学校体育教学的开展都具有积极意义。

（2）及时纠正学生的错误技术也是课余体育锻炼的重要内容。因为一些学生在课业时间自己进行体育运动的时候，可能不自觉地养成了错误的技术习惯，这对于日后的进一步发展会形成阻碍作用，因此，体育教师要及时地给予纠正，并帮助学生慢慢养成正确的运动技术动作。

（3）基本技术训练是关键。基础技术就和身体的基本素质一样，是发展体育运动的根本，因此，在课余体育锻炼中，教师要注重对基本技术的训练。

（4）技术训练要全面、实用、准确和熟练。这是因为技术的运用需要各种能力的相互协调和配合才能更好地发挥。因此，在日常的技术训练中，就应该全面进行，并且重点发展实用的技术，避免过度追求炫技性强，但实用性差的技术。

4. 战术训练

战术是指根据自己和对手的竞技能力与外部情况，充分发挥本方特长，限制对方特长，争取主动，确保比赛胜利或表现出所期望的比赛结果而采取的竞技计谋和行动。战术是在一定的身体训练和技术训练的基础上，根据比赛的需要形成的。高校的课余体育锻炼以技术训练为主，战术训练为辅，可以带领学生重点学习一些简单的、重点的战术，但是由于实际情况的限制，很难展开全面的、深度的战术训练。而且，战术训练要依托大量的比赛，要经过高强度的反复训练，然后在实战中经受检验。对于高校课余体育锻炼而言，可以选择一两个重点的战术进行学习和训练。体会战术的精神。

5. 思想品德训练

在体育训练中也要进行有针对性的教育，使他们明确训练动机、端正训练态度，在训练过程中磨炼意志品质和培养拼搏精神，加强他们的精神风貌修养。为此，教师要做到训练育人，这是完成教练任务的前提。

思想品德是逐步形成的，不能操之过急，只有严格要求，持之以恒、循循善诱，才能逐步使他们形成良好的思想行为和道德品质。

三、高校高水平运动员运动训练管理

（一）高校高水平运动员运动训练管理的原则

根据我国高校高水平运动队的特点，在组织实施高校高水平运动队训练工作时，应遵循以下原则。

1. 教育性原则

尽管是高水平运动队，但是教师在训练工作中，还是应该明确，训练对象是青年学生，不是专业的运动员。因此，训练的目的、方法、强度都有很大的区别。要强调高校育人的特征，将培育人才作为首要目标，对待运动员学生要严格管理，注重其思想道德品质的培养和教育，重点是使其全面发展。通过高校的运动训练，希望给学生带来较高的体育运动体验，形成积极乐观的生活态度，以及健康、自律充满斗志的。

2. 差异性原则

由于高校高水平运动队的队员来自不同的生源渠道，他们都具有较优异的运动表现，在某些项目上有过人的成绩，但是，在文化课基础、专业素质程度、训练习惯等方面还存在着较大的差异。这就给教师的工作带来一定的挑战。尽管是同一个训练队的学生，可能对训练的需求差别较大。体育教师在制定训练目标和训练计划时，需要注意差异性原则，在专项素质和专项技术方面，都要尽量照顾到所有的学生。在选择训练方法时，也应采取不同的方法手段和措施，加以区别对待。

3. 阶段性原则

高水平运动队的训练还应该注意阶段性的原则。因为高校学生的首要身份还是学生，不能因为体育训练而影响了文化课的学习。体育教师要科学安排，既保证文化课的学习，也要充分进行体能训练、一般技能、专项技能等的训练，坚持阶段性原则，以督促训练的有效进行。

（二）高校高水平运动员训练管理的内容

1. 训练时间的管理

高校高水平运动员在训练之外，都有繁重的专业学习任务，因此，一定要把握好训练时间的安排。合理安排、科学训练是高校高水平运动队的时间管理原则的核心。

2. 训练强度的管理

没有训练强度的保证，那么训练很可能空忙一场。保证一定的训练强度，可以有效地控制高水平运动队的训练质量。还要理解训练时间的缩短对应着恢复时间的加长，短时间、大强度、高密度的训练与长时间、中小强度、小密度的训练对机体的刺激，具有相似性。

3. 训练恢复的管理

高校高水平运动员的恢复是运动训练的一部分，高校学生与专业运动员不同的是，他们的绝大部分时间和精力都放在专业学习上，因此，在高校运动队的训练时间和内容都相对有限，也没有条件时长和体育教师保持密切交流，因此，很多时候需要学生运动员具备一定的自律能力，特别是运动恢复，这些主要靠课后自行安排，这就需要体育教师在课上对学生的恢复计划给出翔实的指导意见，为学生推荐合适的恢复方法，争取在课后学生也能顺利地进行恢复锻炼，达到较好的恢复效果。

4. 训练课程的管理

对高校高水平运动队训练课堂的管理，应该本着积极严谨的态度，科学合理地对待每一堂训练课，以提高训练效果为主要目的。通过长期的实践总结，得出以下几个重点要求。

（1）体育教师要认真贯彻"从难、从严、从实战出发"和科学的大运动量训练原则，把握每一堂训练课。

（2）要围绕全年比赛任务提出竞赛目标，制订长期和短期的训练计划，包括全年计划、阶段计划、学期计划、课时计划等。

（3）上课前教练员必须认真备课，写出教案，每堂课都应有明确的训练任务和具体的训练要求，并带教案上课。

（4）每次训练课，体育教师要提前 15 分钟进入场地，做好训练前的一切准备工作。

（5）训练课结束时，要进行小结和讲评。

（6）教师要认真指导学生进行准备活动、热身以及放松活动，并对课后的恢复和营养，也要给出一定的建议。

（7）体育教师必须遵守训练课纪律，自觉做到不迟到、不早退。课堂上不接电话，不准聊天，不准吸烟，不准做与课堂无关的内容。

（8）体育教师要严格考勤、认真点名，掌握队员的出勤情况。

5. 高水平运动员心理的管理

高水平运动队都是一些具有运动天赋的学生。他们在过往的经验中，一直都是所在群里中的佼佼者，因此，往往自视较高。但是，进入高校的高水平运动队的都是各个学校的高手，因此，有些学生难免会发生心理上和情绪上的适应和接受的问题，这就需要教师进行给予关注和指导，帮助学生顺利地度过这一阶段，并逐渐找回自信。

由于青年学生年轻气盛，遇到挫折容易气馁，很有可能因此产生自我怀疑的情绪，甚至会轻率地放弃体育运动队的训练，无论是对于学生个人还是学校都会带来损失。而体育教师往往要承担起这部分重担，留心观察学生的心理变化，及时进行正向的引。根据不同情况，选择相适宜的方式进行疏导。

比如，有的学生需要向内寻求动力，有的学生则向外寻求动力，教师要争取因人而异、因势利导，帮助学生运动员在心理上也获得健康的成长。

四、高校体育教学风险监控

体育教学风险具有广泛性、复杂性、突然性，一旦发生风险事故，会对学生造成身心损害，也可能给学校造成诸多损失，因而必须做好风险监控工作，提高风险决策水平，提高风险管理效果。

（一）建立风险预警系统

在开展体育教学活动的过程中，对专门的监控组织或岗位进行设置，根据相关规定将体育教学风险检查情况定期公示出来，并说明公示内容。在风险检查中要及时干预已识别的风险，同时也要注重检查和预测可能存在的风险，若有相关预兆，要即刻发出信号以示警报，将风险扼杀在摇篮里，杜绝一切发生的可能。建立风险预警系统最典型的工作就是定期组织学生体检，及时发现学生的健康问题，根据学生的体检结果决定其是否可以参加体育活动，防患于未然。

（二）制订风险应急计划

风险应急计划是体育教学风险监控体系中不可缺少的一部分，使风险发生后的损失得到最大程度的降低是制订该计划的主要目的。学校要根据本校实际情况制订风险应急计划，风险处置预案要根据风险的类型而有所区别，体现针对性，善于调用一切可利用的资源去应对风险，将学生的损失、学校的损失及其他相关主体的损失都降到最低。

（三）把握风险监控时机

风险监控时机必须是合理的，合理具体体现在经济可行、能起到规避风险的作用等方面。学校不需要时时刻刻都处于风险监控的状态中，否则会付出很大的代价，而且这也是不现实的。风险监控只要找准时机即可，比如课前了解学生的身体情况，检查场地器材是否安全等，以防为主，而不要抱着亡羊补牢的侥幸心理。

（四）健全监督检查机制

高校根据自身条件成立体育教学安全监督检查机构，以实地检查为主，加强对各类体育活动的科学指导、安全指导，并时常听取体育教师、学生的反馈和意见，以便更好地落实各项体育教学政策法规。在实地检查与指导中若发生安全隐患和不合理的现象，即刻要求有关部门整改，并监督整改情况，这样才更有力利于达成风险监控的目标。

第四节　高校公共体育教育信息化管理

一、教育信息化的演进

教育信息化是将信息作为教育系统的一种基本构成要素，以先进的教育理念为指导，在教育教学、教育科研和教育管理等领域全面深入地运用以计算机、多媒体和网络通信为基础的现代信息技术，不断开发优质教育资源，培养适应时代发展要求的具有现代信息素养的创新型人才，实现信息技术与教育的深度融合，加速推进教育现代化的历史过程。

有学者将 21 以来我国教育信息化的发展划分为两个阶段，分别是教育信息化 1.0 阶段（2001—2017 年）和教育信息化 2.0 阶段（2018 年以后）。2018 年 4 月，教育部发布《教育信息化 2.0 行动计划》，标志着我国正式迈向教育信息化 2.0 阶段。

在我国偏远地区有几百万学生因为没有足够的师资资源而无法顺利上课，师资不足成为制约偏远地区学校教育教学发展的主要因素。但随着信息技术的不断发展及其在教育教学中的广泛应用，这一现状得到了一定程度的改善，这表明我国走教育信息化之路之后取得了一定的成果，而且教育信息化应用水平还会随着现代教育技术的不断发展以及学校教育教学的深入改革而进一步提高，甚至对国内国外教学都产生重大影响。我国在教育信息化的改革与发展道路上，结合中国特色社会主义初级阶段的国情，致力于对中国特色社会主义教育教学信息化的路径加以探索，实现信息技术与各学科教学的多元和深层融合，大量实践表明我国的教育改革走信息化之路是正确的。

现阶段，我国有关部门正在进行对指引与促进教育现代化发展的相关文件的研究与制定，以便在科学理论和理念的指引下全面部署未来教育路线，做好宏观规划，更有目的性、方向性地开展教育工作，最终实现教育强国的战略目标。

在信息社会，教育治理离不开对信息技术手段的应用，将现代信息技术融入教育改革与治理中，构建教育信息化的改革与治理模式，在教育服务、教育教学过程，以及教育管理中充分使用现代科技手段，尤其是现代教育技术，有利于促进教育信息化的可持续发展，进一步突出教育的人本性、平等性、开放性。教育信息化的发展既是宏观的，也是阶段性的。为了对教育信息化 2.0 有更加深刻的认识与理解，我们需要从宏观、中观和微观三个维度来对其发展变迁进行探讨。

（一）宏观维度：从基本应用向融合创新的转变

在教育信息化发展早期，主要是在学科教学中采用信息技术手段，促进信息技术与课程的整合，尤其是与课程实施过程也就是教学过程的整合。随着现代信息技术的不断发展及教育教学的深入改革，信息技术与课程或教学逐渐从表层的整合向深层的融合过渡，强调在教和学的过程中，教育方法、教育策略，以及教育模式等应在信息技术的支撑与引领下，获得更好的创新、应用。信息技术与教育从整合到融合，从表层联系到深入渗透，这充分体现了信息技术教育应用的发展与飞跃，也从侧面充分体现了教育信息化从 1.0 到 2.0 的发展趋势。在教育信息化 1.0 阶段，信息技术在教育教学中的应用是我国推进教育信息化发展的主要方向，强调教师要在学校教育中经常使用信息技术，使之成为普遍性的教学手段。而在教育信息化 2.0 阶段，随着信息技术与教育的深度融合，更强调在教育教学的改革与创新中信息技术所起的作用和发挥的功能，所以在教育信息化 2.0 阶段，"创新"是关键。

有学者指出，区分教育信息化处于 1.0 阶段还是 2.0 阶段，要以教育与信息技术是整合还是融合为标志，或者说要以教育信息技术融合的程度与深度作为标志来判断和区分。在 1.0 阶段，教育与信息技术的融合不够深入，主要解决了一些关于基础设施的问题，而教师素质、教学观念等没有明显转变，很多学校和教师都是被动使用信息技术进行教学，或者说为了创新而创新，而不是真正从内心深处接受信息技术或认可信息技术。而在 2.0 阶段，教育与信息技术实现了深入融合，除了基础教学设施得到了改善，教学观念也在更新，教师的业务能力尤其是信息化教学素养不断提升，学生的信息化学习能力也有了进步，教师与学生普遍能够主动寻求信息化教学手段来解决教授与学习过程中遇到的问题，能够主动拥抱信息技术，而不是像 1.0 阶段那样被动应付。

从宏观视角而言，教育信息化 2.0 时代的到来对学校的教育教学条件和教师的专业素养提出了更高的要求，学校不仅要在教育教学中充分使用信息技术来提高教育教学效率与质量，还要在教学管理中采用信息技术来促进传统教育的改革，为传统教育的创新发展提供引领和动力，更好地实现教育资源的优化配置、校园文化的重塑、教学结构的优化升级，以及重要价值的重塑。教育信息化 2.0 时代强调教育与信息技术的深度融合，在这一基础上实现教育的创新发展，所以说信息时代教育创新与教育和信息技术的融合是不谋而合的。

虽然在教育信息化 1.0 时代就在教育中使用信息技术教学手段，但这一时期信息技术所起的作用主要是促进教育教学方法和手段的改进，只是做了一些简单的"修修补补"，更强调通过利用信息技术来改革传统教学手段，促进教学环境的优化和教学方式的变革，但对于教育系统中的重大结构性变革，信息技术尚未起到应有的引领和支撑作用，而这在教育信息化 2.0 时代逐渐得到了弥补。

（二）中观维度：经验化管理向精准管理的转变

在教育信息化 2.0 时期，随着信息技术的不断变革和现代教育技术在多学科教学中的深入渗透，有关部门在学校教育管理中为提高管理水平，对人工智能、大数据等现代化技术加以应用，这是国家教育管理公共服务发展的必然要求，也是教育信息化发展到一定阶段的成果。在教育管理中采用信息技术并不是只将其应用到课堂教学工作的开展中，还会利用信息技术来提升教育质量，并为现代化教育管理工作的开展及提高教育管理水平提供基础支撑，如利用信息技术来更好地配置物资资源、调配人力资源、解决传统教育管理的遗留问题等。

总之，在教育信息化 2.0 阶段，从中观维度上来看，能够使教育管理摆脱经验化管理的困境，实施精准管理，实现教育管理的科学化、精细化和多元化。

1. 科学化管理

传统教育管理存在经验主义、管理决策片面化等问题，经验管理是缺乏科学理论依据和理论支持的，管理之所以出现了经验主义的问题，主要是因为管理技术自身的局限性，导致管理者无法获得大量可靠的数据，所以不得不靠经验进行管理决策。此外，传统教育管理还存在管理决策片面化的问题，主要原因是管理过程中各职能部门缺乏交流，信息分享不及时等。

在教育信息化 2.0 阶段，教育管理决策经验化、片面化的问题都能够得到解决，管理者从依靠经验管理转变为依据数据进行针对性管理，而且随着信息分享渠道的拓展，管理决策也越来越精准。

2. 精细化管理

传统教育管理中，因为教育教学是动态发展的，所以管理者很难对教育教学的综合情况、动态变化有准确、及时的把握，这就影响了教育管理的动态性，也导致管理决策与管理内容发生时间错位。而在教育信息化 2.0 时期，随着大数据在教育管理中的不断应用，管理者能够根据数据分析结果来开展具有针对性的管理，如此及时、智能化的管理更加精准、有效。

3. 多元化管理

传统的教育管理以行政部门管理为主，管理结构具有封闭性、垄断性特征，管理主体以政府为核心，这种宏观管理模式虽然有利于统筹全局，但也有诸多弊端，会遗漏一些有必要管理但没有管理的地方。而在教育信息化 2.0 时代，管理主体多元化，多方利益主体都可以共同参与管理，不同组织机构可以利用互联网平台参与综合评估和管理决策，从而使教育管理更加民主，进一步满足多方利益主体的需要。

（三）微观维度：对教师的要求从基本技能向信息素养的转变

在教育信息化 1.0 时代，教师在教育教学中普遍应用信息技术手段，这对教师的信息技术应用能力提出了一定的要求，并将教师能否熟练运用信息技术进行教学作为评价教师信息化教学能力高低的一项指标。而在教育信息化 2.0 阶段，不仅要求教师能够熟练灵活地运用信息技术进行教学，还要求通过教师对信息技术的合理使用来实现信息技术与现代教育教学的深度融合。

信息技术在教育教学中能够起到什么作用，达到什么效益，作用发挥的程度如何，效益是大是小，这些在一定程度上都是由教学的引领者和直接实施者——教师自身的信息技术素养所决定的。之所以要整合信息技术与教学，主要是为了转变教学方式，提高教学效果和质量。而转变教学方式与转变教师角色应该是同步的，否则如果只是教学方式发生了转变，但教师不会实施新的教学方式，那么教学方式的转变便毫无实际意义。所以，我们在强调转变教学方式的同时，还要鼓励教师转变自身角色，从而使能够在教学内容传授、教学评价中运用基于信息技术的现代方法与策略来提高信息传播效率，客观评估学生的学习情况，同时能够在日常教学中运用数字化教学策略，提高教学水平。总之，教师角色的变化是教育信息化 2.0 时代的客观要求，是提高教育水平和育人效果的基本要求。

综上分析可知，从微观层次来看，教育信息化 2.0 时代对教师的要求从基本技能转向信息素养。但是目前我国很多教师的信息技术素养都不够高，一些教师只会用电脑打字、做 PPT，而对其他能够被运用到教育教学中的软件或功能则知之甚少。在信息化时代，要加快教育教学的信息化改革，提高信息化教育水平和质量，实现教师角色的转变和信息技术素养的提高，就有必要加强对教师信息技术素养的培养，并将此作为教育现代化发展中的一个核心环节来抓。

教育信息化 2.0 时代的到来对学校、教师和学生都提出了一定的要求，对学校而言，要加快进行信息化改革，转变教学方式，培养学生的核心素养，对教师来说，要自觉转化角色，提高信息技术教学能力，从而在信息化教学中对学生的核心素养进行培养，对学生来说，要自觉掌握信息技术手段，提高自主学习能力与核心素养。从对学校、教师和学生的要求来看，培养学生的核心素养无疑是教育信息化 2.0 时代的最终归宿。

在教育信息化背景下培养学生的核心素养，要以正确的价值取向为引导，防止技术理性凌驾于价值理性之上，否则会出现"以技术为本"的问题，与

"素质教育"和"以人为本"的教育理念背道而驰。

　　培养学生的核心素养，将学生培养成为德智体美等各方面素质全面发展的人，使学生不仅文化基础扎实，而且社会参与度高，并能自主发展。具体来说，要培养学生的科学精神、人文底蕴、责任意识、创新能力，使学生会学习、会生活，能够为祖国建设和民族振兴做出自己的贡献。而培养学生的核心素养，使学生全面发展，就要围绕培养核心素养的要求加强对教育教学模式、人才培养模式的改革与创新。

　　一直以来，我国传统教育过分强调对学生知识素养和应试能力的培养，而忽视了培养学生的思考能力、实践能力和创新能力，这是我国实践型和创新型人才长期缺乏的一个重要原因。传统教学模式被一些学者称作是"人灌"，主要表现为单向教学，缺乏反馈，教学内容单一，教学方法陈旧，面对众多学生采取千篇一律的、毫无差异的教学方法，学生学习比较被动，对教师言听计从，缺乏主动创造性。直至现在，这些"人灌"的教育问题还没有从根本上得到解决，而且随着信息技术在教育教学中的普遍运用，出现了"电灌"的现象，意思是教师单方面使用现代信息技术手段将教学内容灌输给学生，从本质上来说，它与"人灌"无异，只是灌输的工具发生了变化。为培养创造性人才，促进培养对象知识素养、能力素养以及综合素质的提升，必须打破"人灌"和"电灌"的限制，真正利用现代教育技术来培养全面发展的人才，这是教育信息化 2.0 时代教育教学改革和人才培养的基本导向。

　　总之，实施教育信息化改革，必须强调教育的开放性、适宜性、人本性、平等性和持续性，以先进的教育技术重建教育价值、校园文化，重点培养学生的核心素养，促进学生全面协调发展，满足信息时代社会发展对新型人才的基本需要。

　　现代教育技术与高校体育教学模式的融合很有必要，其中原因之一在于高校体育教学模式现状不容乐观，影响了体育教学质量，而现代教育技术在体育教学中的渗透促进了体育教学模式的积极性转变和现状的改善，对优化教学过程和提升教学效果很有效。现代教育技术在体育教学模式中的融入改变了体育教师与学生的传统角色，使体育教师从教学内容的传递者转变为教学内容的设置者和教学活动的引导者，使学生从被动接受者转变为主动学习者，强调学生的主体地位和教师的引导作用，师生传统课堂角色的转变是体育素质教育和体育信息化教学的要求。

二、构建信息化公共体育教学模式

（一）构建信息化公共体育教学模式的要求

在知识经济时代，人们非常渴求知识。体育作为高等教育的重要组成部分，继续沿用传统教学模式已无法适应信息化时代和知识经济时代大学生对体育知识的需求。高校体育教学必须紧跟时代潮流，寻求信息化发展与创新，将现代教育技术成果引进教学中，使现代高校体育教学实现创造性的突破和质的飞跃。计算机网络最大的特征是开放共享，可以将具有开放共享优势的计算机网络与体育教育相结合，设计出能够使师生共享体育知识的教学平台。这一平台便是师生学习与交流的媒介，通过远程教学、上传知识、分享视频、直播教学等方式共享教学资源。在这一教学平台中，不同地区的体育教师都可以相互交流、讨论，共同解疑和处理问题，从而使自身的专业教学能力不断提升。此外，不同地区的学生也可以利用这一平台分享学习资源，获取知识。具有开放共享性的信息化教学平台也是师生互动的良好媒介，对建立和谐的师生关系很有帮助。

对信息化体育教学模式的构建具有以下几方面的要求。

1. 转变教学观念

构建信息化教学模式，不仅要像传统教学那样将知识与技能传授给学生，还要注重向学生传授学习方法，树立"授人以渔"的教学思想，教师不仅扮演输出知识的角色，也扮演重要的引导者角色，引导学生自主学习和树立科学的学习观。同时教师扮演培养者的角色，培养学生的自主学习能力和创新能力。教师本身要树立创新教育观念，打破传统教学形式，善于从学生的实际情况出发而因材施教，加强个性化教育。

2. 更新教法

在信息化教学环境中，体育教师要发挥自身导学的作用，运用多媒体手段辅导学生学习，采用现代化手段有重点地讲授教学内容，改变传统教学模式中满堂灌的教学方法，利用现代教育技术创造更多元化、先进化的教学新方法，充分发挥各种教法和学法的作用。

3. 提高信息素养

在信息化体育教学模式的运行中，教师应认真研究网络资料，适当修改，并放回网络中，成为信息的提供者。同时，教师要引导和帮助学生合理筛选网络学习资源、获取有效学习资源。另外，教师要灵活使用各种信息技术与同行、学生进行交流与协作。体育教师只有不断提升信息素养，才能适应信息化体育教学的发展趋势。

（二）现代教育技术与高校公共体育教学模式融合的策略

1. 利用校园网络为体育教学服务

随着计算机技术的发展和高校教育的不断改革，各大高校的计算机网络中心逐渐建立和完善，计算机基础课程基本全面开设，有的高校还设置了多媒体技术、网络教学等有关现代教育技术的选修课程，从技术层面保障大学生顺利进行计算机学习和实践操作。高校不断完善的多媒体教室、网络机房等信息化硬件环境为现代教育技术在教育教学中的运用提供了良好的操作平台和环境氛围。利用高校丰富的计算机网络资源能够为信息化体育教学的开展提供支持与保障。

例如，利用高校校园网络资源和计算机硬件设施进行体育网站、论坛的建立，在校园网中增加体育板块，将体育热点新闻、风云人物、学校体育信息和体育常识等内容及时发布，使学生快速了解体育信息，了解学校的体育事件。在体育板块中还可以设置留言功能，便于体育爱好者在此交流、互动，也便于收集意见或建议，为改善体育教学提供参考。

另外，现阶段各大高校纷纷实行网上选课模式，学生利用校园网选择自己感兴趣的运动项目，这方便教师了解学生的体育兴趣和爱好，也便于学校开设能够满足学生兴趣爱好的体育课程。

2. 将现代教育技术运用到体育理论教学中

当代大学生学习体育课程，不仅要学习和掌握运动技能，还应该对体育知识、体育文化加以学习，树立体育精神，形成终身体育意识，这是高校体育教育的基本目标。随着体育地位的提升和我国体育事业的不断发展，体育成为我国综合国力的重要组成部分，在体育强国建设中，我国号召人民群众主动认识和了解体育，积极参与体育。在这一社会背景下，高校应重视体育理论教学，提升大学生的体育理论素养。

传统体育教学模式存在轻理论重实践的弊端，教师讲解的理论知识主要集中在运动项目概况、项目规则等方面，讲解方式简单枯燥，限制了学生对体育理论的深入理解，也阻碍了学生用正确的理论去指导实践。对此，应在体育理论教学中充分运用现代教育技术，利用网络的优势和功能对体育理论方面的知识和信息进行收集，并配以图像、动画、视频等方式传授体育知识，刺激学生的感官，激发学生的兴趣。

利用现代教育技术进行体育理论教学时，要注意在播放音频或视频、展示图片等信息化教学资源的基础上组织学生现场互动、讨论，设置问题，启发学生思考，使学生更好地理解现代教学手段中传播的理论知识，更好地接收与消化体育知识与信息。体育教师如果只是单纯播放音、视频，展示图片，简单讲解，而不组织学生讨论，那么学生接收的信息在大脑中保存的时间比较短，容易遗忘。

3. 将现代教育技术运用到体育实践教学中

体育实践教学以体能、技能教学为主，尤其是以运动技术教学为主，体育教学目标的达成情况和体育教学的最终效果很大程度上是由技术技能教学结果所决定的。传统体育实践教学中，经验式教学占的比重很大，主要模式是教师教、学生学，教师示范每个动作，学生观察，然后机械性地模仿，而对于每个技术动作为何这么做，如何提高标准度则缺乏基本的思考，导致学生错误地认为上体育课就是纯粹的身体活动，不需要脑力付出。而将现代教育技术运用到体育实践教学中，利用计算机语言编程、图像处理等技术和功能来动态化地呈现完整的技术动作，并辅以声音讲解、文字解说，图、声、文并茂，以提高教学效果。

在体育实践教学中使用现代教育技术，能够将整个动作过程直观生动地展现出来，在播放到重难点动作环节时可暂停，着重进行分析，使学生对重难点技术动作有深刻的理解和充分的把握。利用现代教育技术进行教学也能打破沉闷的课堂气氛，营造愉悦欢快的教学氛围。

4. 制作体育教学课件

利用现代教育技术进行体育教学课件的制作，这对体育教师的教学功底、信息化素养是很大的考验，如果能够设计出高质量的多媒体教学课件，将会很好地突破传统教学模式的束缚，将新课件的功能充分发挥出来。

体育教师利用现代教育技术进行体育教学课件制作时，要基于对体育教学目的、教学需要和学生的需求的综合考虑而选择合适的教学素材，合理编辑文字、图片、录像等资源，注重对版式、背景的合理设计。计算机教学课件涉及的知识和内容与传统教学课件相比更加丰富、全面，但也相对复杂一些，对学生的教育更全面一些。

在体育教学课件制作中运用多媒体手段，能够使学生对课堂教学内容产生兴趣和好奇心，产生探索的热情和积极性，从而主动投入学习，配合教师，教学效果甚好。

5. 加强体育师资建设

在现代教育技术下进行体育教学，虽然现代教育技术发挥了举足轻重的作用，学生的主体能力和主观能动性也得到了很大程度的发挥，但体育教师的主导作用依然很重要，不能忽视。在现代教育技术与体育教学模式的融合中，要加强对体育教师专业素养的培养，特别是要培养体育教师的信息化素养，并以培养信息化教学能力为主。除了培养体育教师对现代教育技术的认知能力、操作能力外，还要利用现代教育技术转变体育教师的传统教学理念，结合时代背景和体育教学的信息化发展趋势对体育教师进行再教育，使体育教师适应高校体育教学的改革发展现状，满足高等教育的发展需求，不断提升和完善自己，实现更好的专业化发展。

（三）信息化公共体育教学模式构建的典型分析

1. 传统教学模式——"示范→讲解→练习"的信息化

体育教学以技术技能教学为主要内容，体育实践课中的主要教学模式往往是适用于技能教学的教学模式。在体育实践教学中，常用的教学模式是"示范→讲解→练习"这一传统模式，这一模式的有效性已经在实践中得到了证明。它虽然是比较传统的体育教学模式，但在现代教育技术背景下依然常常被运用于体育技能教学中，依然是信息技术与体育课程整合之下的主要教学模式之一，其地位依然不可动摇，备受重视。

传统的"示范→讲解→练习"教学模式之所以在信息化体育教学中依然被"重用"，主要是因为该模式与运动技能形成规律、体育教学一般规律相符，与大学生的认知特征、身心发育特征相符，但在信息技术与体育课程融合的背景下继续使用这种教学模式，需要将它的操作环节信息化。

用传统的"示范→讲解→练习"教学模式进行运动技能教学时，教师将运动技能展示给学生的主要途径有亲身示范、媒体工具（视频、图片等）示范等，在这个过程中，学生用自己的感官接收信息，然后将信息输入第二信号系统进行加工，以促进运动表象的形成，学生在初步形成的运动表象的指挥下进行模仿练习。这时学生在模仿中产生的本体感觉并不是正确动作的本体感觉，而其对正确动作的本体感觉应该是什么样子却并不清楚。

学生进行模仿练习时，教师在旁边密切观察，不断指导、帮助，因为学生根据自己初步形成的表象对动作形成的理解比较片面，甚至有偏差、错误，所以教师要提供辅导、及时纠正。教师的指导与帮助主要体现在语言提示、反复示范、辅助练习等方面，通过及时有效的辅导，学生能够逐渐清楚正确动作的本体感觉应该是什么样的，然后在反复练习中将正确动作熟练掌握好，这时学生才能真正形成了关于运动技能的正确的本体感觉。如果没有教师的辅导，学生只能学到皮毛，对动作要领很难真正掌握。

上述分析表明，教师正确的示范是学生对动作要领予以掌握的关键，这对教师的技术水平和示范能力提出了很高的要求，一旦示范不够准确，又没有采取其他展示动作的手段，学生难以准确掌握动作要领。因此，运用多媒体技术展示动作的方法越来越受重视，教师的示范由多媒体手段替代，有助于促进信息技术与体育课程的进一步整合。通过多媒体技术展示动作有利于学生建立正确的动作表象，但这也只是学生掌握运动技能的基础，运动技能形成规律要求学生要对正确动作具有良好的本体感觉，良好的本体感觉是体育教师进行经验教学的基础，教师的经验就体现于此。

目前，计算机技术还无法完全取代教师，教师的教学功能中有一部分能够被计算机替代，但还有很多无法用语言准确描述的能力是不可替代的，比如教师的示范、指导能够使学生对正确动作形成良好的本体感觉，而运用计算机手段难以使学生自主构建本体感觉。这主要涉及以下两方面的问题。

第一，采集信息的问题。采集人的本体感觉主要有接触采集和无接触采集两大技术，前者在一些简单的动作中比较适用，但会对运动造成妨碍，而且有的技术是比较危险的，可能引起被采集者的生理问题。后者需要采用间接推算的方法来估计信息，缺乏准确性，而且不够实用。

　　第二，效应器的问题。这其实就是计算机处理结果用什么方式作用到人体的问题。

　　以上两个问题表明在信息技术与体育课程的融合中，通过信息技术的帮助使学生自主构建本体感觉有一定的难度，这也是在现代教育技术下进行体育教学必须解决的一个主要问题。

　　2. 信息化的"示范→讲解→练习→评价"教学模式

　　通过分析传统教学模式"示范→讲解→练习"的信息化，可以沿着这个思路对信息化的"示范→讲解→练习→评价"教学模式进行构建与设计，该信息化教学模式同样是体育运动技能教学的主要模式。新模式的结构模型如图 5-1 所示。

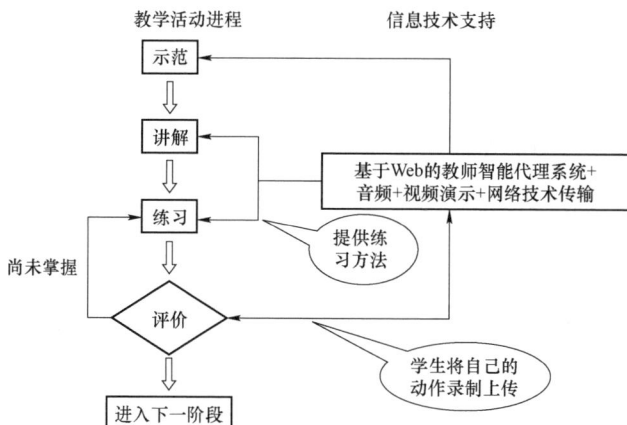

图 5-1　示范→讲解→练习→评价模式的结构模型[①]

　　将信息化教学新模式运用到体育教学中，主要有以下两种情况。

　　（1）学生在教师的辅导下学习（有教师）

　　有教师的情况下，教师的主要作用是在学生学习时提供帮助和辅导。例如，及时指出学生的错误，帮助纠正，对学生的练习方式、进度进行调整等。有教师的辅导和帮助，学生能够顺利掌握技术动作。

　　和传统教学模式相比，新的教学模式下教师省去了讲解、示范的环节和

---

① 阿英嘎. 信息技术与体育教育专业课程整合 [M]. 南京：南京师范大学出版社，2010.

时间，而在帮助和辅导上付出更多，学生可以根据自己的情况来安排练习节奏，而不完全由教师控制。

（2）学生自学（没有教师）

基于 Web 构建教师智能代理系统，了解学生的学习需求，利用现代教育技术，以科技化的手段将学生将要学习的技术动作示范呈现出来，完整呈现技术动作后，同样以多媒体工具进行讲解，对于学生没有看清的动作，可再次慢速播放。

若在学生开始学习前，系统已经获取了关于学生已经掌握的知识和技能的相关信息，则系统会有选择性地进行关键动作要领的讲解，并结合学生的学习基础、学校的教学条件为学生设计、提供适宜的练习方法，学生根据系统给出的方法练习一段时间后，向系统输入自己的技术动作录像，系统自动作出评价，若系统评价结果为学生动作错误或掌握不充分，系统将继续给出适宜的练习方法或给出纠正学生错误动作的方法。

信息化的"示范→讲解→练习→评价"教学模式是在传统教学模式的基础上进行信息化加工和"升级改造"的结果，按照这种思路，我们可以继续探索现代教育技术与体育教学模式的融合路径，尝试对更多的信息化体育教学模式进行构建。

三、提高高校公共体育教育信息化管理水平的措施

（一）加强高校信息化系统的硬件建设

完善高校信息化系统的硬件设施，能最大程度地顺利推进高校信息化管理制度的实施，这也是充分发挥信息化管理软件系统各项性能的保证。在一些高校中，由于信息化系统的硬件设施陈旧，导致了管理人员无法正常工作，这也就阻碍了高校教学管理的信息化发展。

以教学管理系统为例，早期的人机交互排课、等级考试报名、成绩登录查询等较为低端的信息化管理模式对于服务器的要求并不是很高，因此，很多高校基于有限的经费会选择能够满足目前需要的服务器配置，但随着学分制的推行、网上选课和就业跟踪信息等模块的开发，对于服务器的配置要求有了很大的提高，尤其是学生集中选课时，网络并发量骤升的问题直接指向

服务器配置过低。因此，为了提高高校教学管理的信息化水平，实现教师与学生之间的信息共享，高校必须适当增加对信息化系统硬件设施的资金投入，更新落后的教学管理配套设施，提高高校教学的信息化管理水平。

（二）完善高校教学信息化管理机制

建立教学信息化管理系统，不仅要考虑管理者的需要，也需要考虑信息传递的需要，在保留原来管理系统的基础上，增加信息化管理的功能，从而在统一系统下进行综合管理。要使教学管理系统发挥其最大作用，必须在前期有针对性地对教育管理人员展开调研，并在使用过程中实时监控系统，根据实际情况进行完善，最大程度地发挥系统的实用价值。在整个教学管理系统的运行过程中，所需要的信息往往都是来源于不同的部门和不同的管理人员，这就需要运用现代数据库技术实现数据的分级存放，提高数据的使用率。

（三）提高管理人员的素质，加强对信息化手段的应用

高校管理人员是高校管理系统的掌握者和操作者。系统能否正常运行，教师能否正常工作，学生能否正常学习，信息能否正常传递，这些都取决于高校管理人员的综合能力。但由于当前高校对管理人员的素质并没有给予高度的重视，在管理人员培训方面投入的资金也有限，同时，相应的考核体系中也没有将管理人员对信息化管理手段的运用能力这一指标纳入其中，所以导致管理人员的信息化意识薄弱。针对这一问题，要提高高校教学管理的信息化水平，就必须重视对管理人员的现代化培养，提高管理人员的信息化素养，使其能够熟练运用信息化手段来进行管理，提高管理效率。

第六章 高校公共体育教育的拓展

在新的发展时期，高校公共体育教育是走向体育强国和塑造"健康中国"的重要途径。根据学校教育的总体要求，以及不同层次、不同水平、不同兴趣学生的需要，要充分发挥学生的主体作用和教师的主导作用，努力拓展体育课的时间和空间。

第一节 高校体育社团与俱乐部建设

随着学校对学生体育工作的重视，学校体育场地设施水平都有了很大提高，学生从事体育活动的兴趣也更加浓厚，爱好更加广泛。体育社团和俱乐部作为高校公共体育的补充与拓展，需要学生掌握相关的组织与编排知识，以促进学校体育更好地发展。

一、高校体育社团建设

体育社团是一种围绕体育的某种性质的人们的集合。高校体育社团具有同类相聚性，其成员身份单一，都是在校学生。他们为了共同的兴趣爱好参加了某个体育社团，其目标比较单纯，主要是通过参加社团的活动，愉悦身心，提高自身素质，培养群体适应能力等。大学生们根据自己的兴趣、爱好和个人需要自由选择社团活动的内容、时间和频度，并积极争取、创造各种满足自身需要的机会，表现出高校体育社团参与的自主性和活动开展的业余性。

高校体育社团建设的策略如下。

（一）依据体育教育目标建设体育社团，保证社团发展方向的正确性

高校体育教育对体育社团的发展具有非常大的影响，只有进行有效体育

教育，才能促进学生参与体育运动的积极性的提升，使有体育兴趣爱好的学生自觉加入体育社团。鉴于体育教育对体育社团建设与发展的重要影响，高校必须重视体育教育改革与发展，明确体育教育目标，并依据此目标进行体育社团建设，使体育社团保持正确的发展方向。

合理的体育教育目标能够引导学生形成正确的体育观念，促使学生在体育社团中保持良好的素质与行为，促进体育社团的积极发展。

此外，体育教师也要充分发挥自身的引导作用，在教育目标的引领下培养学生的正确体育态度、体育意识和体育行为习惯，使学生在体育社团活动中展示良好的体育素养，从而更加坚定体育社团的正确发展方向。

（二）制定社团章程并不断健全与完善

高校应该以高等教育方针为指导，以高校体育制度、体育社团总则为依据，从体育社团的特点和实际情况出发制定一套社团章程，并在章程的运行中不断充实与完善章程内容，使社团体育工作有章可循，提升工作效率。完整的社团章程应该包括各项相关制度，在入退团、考勤、活动、财务、档案、评比等方面明确相关要求。

（三）搭建平台，增加体育社团的对外关联度

体育社团活动的开展离不开经费、场地设施、人力等各方面资源的支持，但学生作为活动组织者，要安排这些资源是比较困难的。对此，需要利用高校本身的外联能力保障社团活动的顺利开展。例如，利用高校的教育资源优势实行一定程度上的对外开放政策，为校园体育社团和社会企业、社区"搭桥牵线"，构建沟通的桥梁，鼓励社会企业、社会体育组织和社区积极支持体育社团活动的开展，这样也增加了学生接触社会的机会，对促进学生的社会化发展具有重要意义。

（四）以点带面，打好基础，有序建设

有些高校在建设体育社团中存在"全面开花"的问题，脱离学生的实际需求和学校实际情况去组建体育社团，只求数量，忽视质量，面对各种体育社团，学生在学校的号召下盲目加入其中，实际上对社团活动的兴趣并不是很大。院

校的这一做法最终影响了社团活动质量，也影响了体育社团的生命力。

对于上述问题，高校要及时改变错误的做法，以点带面地建设体育社团，先根据学校体育场地设施条件、学生兴趣爱好、师资水平等实际情况，有重点地组建体育社团，有序开展社团活动，加强活动管理，积累经验后，再拓展社团规模或组建新的社团，保证各个体育社团的建设质量。

二、高校体育俱乐部建设

体育俱乐部的建设是高校体育教育的重大创新，对学生、校园文化、社区体育有重大的意义。

（一）开拓俱乐部经费筹集渠道

高校体育俱乐部的建设与运作离不开经费的支持，而经费主要来源于自己筹措，高校也会给予少数补贴。在自己筹措的经费中，一部分来源于会员缴纳的会费，只有缴纳了会费才能成为正式会员，才能享受俱乐部的服务，参与俱乐部活动。学生缴纳的会费维持着俱乐部的日常运作。体育俱乐部开展活动的场地、器材等硬件资源主要由学校提供。高校体育部门给俱乐部提供部分经费，很多时候是因为俱乐部需要代表学校参赛。但学校提供的经费有限，无法使俱乐部的运作需要得到满足。对此，要加强对现有经费筹集机制的改革与创新，拓展经费筹集方式，多渠道筹集经费，如向体育企业寻找投资，向社会体育组织寻求帮助，等等，从而在经费上保障俱乐部的正常运作和稳步发展。

（二）加强科学管理，强化俱乐部的凝聚力

高校体育工作指导系统为体育俱乐部的科学管理提供了强大的后盾，也使体育教师与学生对体育俱乐部章程有清晰的了解，并自觉遵守章程，进行自我监管，规范自身在俱乐部活动中的言行。体育俱乐部管理需要学校领导和教师的参与，可由主要领导人组建管理队伍，全面考核要进入俱乐部的学生，按考核成绩划分 A、B、C 三类班，因材施教，分别指导，从而有效提高学生的运动水平。

此外，加强对体育俱乐部中指导教师和管理人员的培训，提高他们的工

作能力。在体育俱乐部活动开展中，将活动内容和素质教育有机融合，吸引学生广泛参与，实现素质教育目标。

第二节 高校校园体育文化建设

高等学校是一个十分有特色的群体组合：有朝气蓬勃、风华正茂的莘莘学子，有德高望重的专家、学者，有丰富的图书信息资源，有较发达的传播媒体，还有多种学术团体，研究机构和学生社团等。这些构成了一个独特的，既依存于社会文化，又有着高层次文化水准，并具有相对完整的文化环境，蕴涵着巨大的文化创造功能的整体。学校有了体育，就有了体育文化，就营造出体育的氛围。校园体育文化是校园文化中一道独特的风景线，积极向上的校园体育文化有助于当代大学生身心健康，和谐地发展。

一、加强校园体育物质文化建设

（一）体育教学场地建设与管理

1. 体育教学场地建设的位置

修建体育教学场地，既要考虑体育教学的需要，又要考虑学生参与课外体育活动的需要，教学场地应该为学生参与体育活动提供便利，必须是安全实用的。为达到这些要求，需要在体育教学场地建设中遵循如下原则。

（1）合理布局，相对集中

① 在学生较为集中的地方或距离学生宿舍较近的地方修建体育运动场地，为学生进行体育锻炼和学校集体性体育活动的开展提供便利。

② 围绕体育馆而比较集中地建设各种类型的体育运动场地，形成运动场地群，有些体育项目具有特殊性，因而运动场地较为分散，但分散的场地也要按一定的规律去修建，相应成团，便于管理。

（2）地势较高

考虑到排水的问题，应在地势较高的地方修建体育运动场地，排水效果好，便于使用，否则雨后积水严重，影响体育教学活动的开展。

（3）安全第一

学校体育教学场地建设必须考虑安全问题，把安全放在第一位，具体要注意以下几点。

① 选择平整场地。在地形平整的区域修建体育教学场地是体育场地建设的一个基本条件。户外体育教学具有一定的对抗性和竞争性，客观上是存在风险的，为预防伤害事故发生或减少发生率、降低损伤的严重性，需要选择平整的场地进行体育教学。

② 周围近距离无障碍。周围近距离无障碍是很多体育运动规则中都会提到的一项规定，应该将此作为体育教学场地建设中的重要考虑因素之一，从而保障学生在体育课上的安全。

③ 远离交通通道。切忌在交通要道上修建体育教学场地，考虑现实条件和实际需要而在场地四周修建护栏，以免他人从场地中间穿行。

（4）远离其他教学场所

在户外上体育课是比较热闹的，课堂氛围较为活跃，而且学生要做大量的练习，总会发出一些声音，所以要尽可能在距离教学楼较远的地方修建体育运动场地，以免对文化课教学造成干扰。

2. 体育教学场地建设的标准

学校建设体育场地，要满足体育教学、群体体育活动、业余体育训练以及体育竞赛等基本要求，条件允许时，还要满足举行大型文娱活动的需要。高校体育场地建设还应满足如下标准。

（1）承办大型比赛

高校体育场馆是地方举办大型体育赛事的重要场所，为了提高承办大型体育赛事的能力，满足举办综合性体育运动会的需要，在高校体育场馆建设中技术方面要达到严格的标准，一些主要指标要满足举办相应级别比赛的要求，如场地规格、地板（跑道）、器材、音响、照明、裁判台、成绩显示、安全距离等指标。

（2）兼顾多项比赛需要

① 修建田径场地，要满足举办所有田径项目比赛的需要，跑道规格要符合相应标准。

② 修建体育馆时，用实木地板做地面，主赛场面积要适宜，要能够满足

开展多个运动项目教学和举办多个项目比赛的需要。

（3）电视直播配置

高校体育场馆具有举办大型体育赛事的功能，为便于媒体直播，应有基本的直播配置，加强直播基础设施建设，如专用房间、专用电源、摄像头连线预埋等。

3.体育教学场地应具备的功能

（1）为体育教学服务

高校体育场地首先要为体育教学而服务，包括体育课堂教学、课外体育活动、业余体育训练和体育竞赛等多种形式的教学活动，这是高校体育场地最主要和重要的功能。

（2）美化环境

体育场地的占地面积非常大，是高校校园中非常具有标志性、代表性和吸引人注意的建设，所以要提高对这类建设的环境规格和要求，注意环保，并要具备一定的审美功能。

首先，科学规划体育场地，合理布局，达到整齐划一的效果，使校园硬件环境显得井然有序，与此同时实用性也是必须要考虑的。

其次，注意体育场地周围的绿化，在满足基本条件，遵循基本规律和合理使用的基础上将公园主题和理念融入其中，营造良好的体育氛围，创建优良和谐的体育教学环境。

（3）对外开放

高校体育场地不仅能满足学校师生员工的需要，还能为社区居民锻炼身体提供基本便利条件，为社会举办大型活动提供场所，这是高校体育场地经济价值和社会价值的体现。

首先，将高校体育场馆的功能充分发挥出来，在合适的时间供周边居民所用，为居民锻炼提供良好的场所，强化体育场地的社会服务功能，实现社会价值。

其次，加强高校体育场馆的运营管理，利用资源优势面向社会有偿提供体育场所，提升造血功能，扩大高校的影响力，实现经济效益和社会效益。需要注意的是,高校体育场馆的对外开放和经营应以不影响学校体育活动的开展为前提。

4. 体育教学场地管理要求

（1）功能齐全，搭配合理

高校体育场地为学校体育教学、业余体育训练和体育竞赛三大活动的开展而提供基本的场地支持与保障，因此对它的功能提出了较高的要求，功能齐全而且各方面合理搭配的运动场地更能满足高校体育工作之需，满足学生参与各类运动项目的需要。综合性运动场馆讲求合理搭配，而专门的篮球馆、足球场、乒乓球馆等场馆场地则强调专馆专用[①]。

（2）器材摆放井然有序

体育场馆内的运动器材设备类型多样，如果不分类存放，摆放杂乱，那么学生上课需要花些时间找器材，浪费时间，影响课堂教学进度与效率，同时也会影响师生上课的热情与积极性。一般来说，大型器材设备的摆放位置相对固定，小型器材要分类存放，方便使用。

（3）环境干净、整洁

体育运动场地是体育教学、训练的重要场所，良好的教学环境与训练环境能够给师生带来美好的体验，也能提高教学与训练效果。因此保持体育场地的卫生与整洁非常重要，从而为师生提供良好的教学环境。应该每天都由专门的卫生人员或学生打扫体育场地，保证干净、整洁，并定期检查场馆、器材是否损坏，及时维修，定期维护，保证上课安全。

（4）制度健全，责任明确

体育场地管理工作比较繁杂，需要认真对待，因此要建立健全相关制度，严格按规定进行管理，并明确有关部门及管理人员的职责，提高对场馆器材的管理效果。有关部门要定期检查或不定期抽查管理人员的工作，实行奖惩机制，奖励认真负责的管理人员，处罚敷衍了事、态度不端正、违反规定、推卸责任的管理人员，这样既能约束管理人员的管理行为，又能激发其工作热情。

（5）安全第一，严格监管

体育场馆中发生安全事故与管理服务不到位直接相关，忽视安全管理直接影响了体育活动的开展及师生的人身安全，对此，必须做好安全预防工作，加强安全管理，构建与完善体育场馆安全管理体系，如图 6-1 所示。

---

① 马定国. 高校公共体育管理 [M]. 北京：北京体育大学出版社，2006.

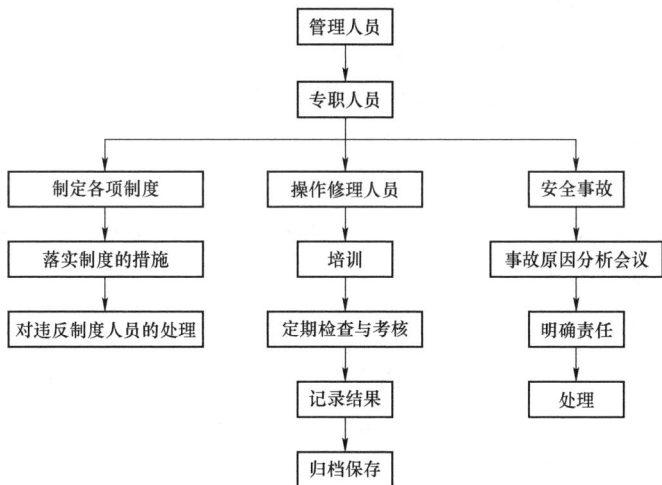

图 6-1　体育场馆安全管理体系[①]

（二）体育教学器材配备与管理

1. 体育教学器材的配备原则

高校体育器材的配备要满足以下两项原则。

（1）满足体育教学需要

高校配备体育器材，首先要考虑体育课程教学的需要，配备的器材要从数量、规格、质量等方面满足教学需要，为体育教学活动的顺利开展提供基础保障。高校开设了大量的体育选项课，不同选项课上会用到不同的器材，因此要注意器材配备的多样化，尽可能种类齐全，数量充足，能够满足体育选项课教学的需要。

（2）满足比赛需要

体育比赛教学是高校体育教学的一种创新教学方法，在体育教学中组织体育比赛，要使用符合比赛规则的运动器材，从而为教学比赛的开展提供便利，保证比赛正常进行。配备种类齐全的、符合竞赛规则的、档次比较高的体育器材也能够为高校举办综合运动会或承接大型体育赛事活动提供基本的物质保障。

---

① 谈群林. 体育场馆经营管理实务［M］. 广州：华南理工大学出版社，2011.

2. 体育教学器材的采购

高校体育部门负责体育器材的采购工作，这是日常工作之一。在新的体育场馆修建结束后，要把基本的体育器材和设备一次性配置齐全。体育器材是具有消耗性的体育资源，有些器材的损耗率很高，因此需要定期更换。为了保证体育器材满足学校体育活动开展的需要，高校体育部门应该清楚学校体育器材配备的数量与规格，对体育器材的消耗情况十分熟悉，从而通过规范的渠道去采购器材。

（1）制订计划

对高校体育部门来说，采购体育器材是一项重要工作任务，这与体育课堂教学、体育课外活动、课余训练及体育竞赛等学校体育活动的开展都息息相关。采购体育器材是学校体育经费的一项主要支出，这项支出能够从一定程度上反映学校体育经费的分配与运用是否合理、充分，反映出是否存在经费浪费的情况。

为了提高体育器材采购的效率，减少不必要的经费支出，防止浪费，需要提前做好采购计划，做好体育经费预算，并区别对待不同类型体育器材的采购。

① 采购大型体育器材。一般在修建新的体育场馆、扩大体育场地规模或完善体育场馆功能时需要添置大型体育器材。要提前计划好要对哪些器材加以采购。

大型体育器材具有重量大、不易移动、使用年限久、更换周期长等特征，因此对这类器材进行采购时要选择质量好、信誉好的品牌，器材必须满足安全可靠、性能稳定等要求，产品售后服务也要有保障。

一般比较容易统计大型体育器材的采购数量，如一个篮球场添置两个篮架、一个足球场添置两个球门等。

② 采购小型体育器材。小型体育器材具有重量小、占地面积小、便于移动等特征，一般要以体育运动场所的数量、规模、功能等为依据来配备这类体育器材。例如，在游泳池中配备一定数量的练习扶板、救生圈，在乒乓球室添置若干乒乓球桌，在羽毛球场配置羽毛球网架等。

③ 采购消耗性体育器材。高校采购和添置体育器材是有规律的，要根据消耗量来添置，应该定期统计篮球、羽毛球等体育器材的消耗量，然后根据

消耗与损坏情况而有针对性地添置。

不管是采购什么类型的体育器材，都要基于对体育教学、体育比赛、运动训练等体育活动开展的需要的综合考虑而进行，要提前确定采购方案，尤其是新增器材计划，并在采购中根据实际情况的变化而增减，避免造成资源浪费。

（2）集体采购

销售体育器材的商家往往采用各种商业营销手段来推销产品，这是很常见的商业行为，高校在采购体育器材的过程中要把经费用到实处，经费要花得值，尽可能做到节约成本和采购优质器材的双赢。要做到这点，就应该实行集体采购制度，监督体育部门高效、廉洁地完成采购工作，杜绝不良行为和漏洞。

（3）了解市场

在市场经济背景下，体育器材的价格是波动的，而且是遵循市场规律的波动，这主要与器材制作材料、制作工艺、市场进货渠道等市场因素有关。采购经验少的人一般对产品的底价并不清楚，因此很容易采购到性价比不高的产品。对此，高校体育部门有必要先进行市场调查，了解市场行情，然后着手采购工作，在采购过程中做到货比三家，尽可能选购物美价廉的产品，提高经费利用率。

（4）正确挑选

市场上的体育器材琳琅满目，在挑选和采购时要懂得取舍，这就需要采购人员具有良好的理性思维，根据实际情况而做出理性抉择，最终购买到满意的产品。

在挑选体育器材时要注意区别以下几组器材。

① 室内器材与室外器材。室外运动环境受温度、阳光、空气、湿度等因素的影响较大，因此为室外运动场地配备体育器材时，要尽可能选择结实耐用的，抗磨损的，有防晒防水性能的产品。

室内运动环境相对稳定，因此购置器材时考虑的因素不像室外那样复杂，但为室内场馆配置的器材质量必须好，选择经久耐用的体育产品。

② 固定资产与消耗品。这里的固定资产指的是使用寿命长、更换周期长的大型体育器材或小型体育设备，选择这类体育器材时，价格是其次，而品

牌、质量、售后等一般是最重要的。

消耗品多指使用寿命短、需要经常更换的体育器材。选择这类器材时，以经济实惠、实用为主，并非一定要选择大品牌。

③ 练习器材与比赛器材。练习器材主要供学生练习使用，使用次数多，损耗率高，挑选这类产品时以价格适中、物美价廉为主。

比赛器材主要用于比赛中，要求具备很好的稳定性，要与比赛规则相符，采购时要优先考虑品牌和质量。

（5）注册入库

高校采购体育器材后，要严格验收，并做好注册、登记入库等后续工作。不管采购什么类型的体育器材和设备，都要及时验收，第一时间发现问题，以便退换。验收通过后，登记入库，这是体育器材管理中不可或缺的一个重要环节。

验收时，要与采购清单对照来详细查验产品的品牌、型号、数量、价格等，然后逐一登记。

① 登记簿。器材登记账簿主要采用的是活页账簿，将一种器材设备记录在一张纸上，详细登记采购器材的日期及器材的品牌、型号、数量、价格。这样登记具有简洁直观、操作便利的特点。

② 电脑管理。除了利用传统的登记簿方法进行采购登记外，还可以利用电脑来登记，在电脑上下载专门的登记管理软件，然后利用软件的功能去登记，这种管理方法具有便于检查、调用、管理等优势。

3. 体育教学器材管理要求

（1）分类放置

了解哪些是常用体育器材，哪些是不常用体育器材，前者放一起，后者放一起，然后再次归类摆放，如大器材和小器材分开，金属器材和非金属器材分开，也可以按项目分类。

（2）规范外借程序

借体育器材时，先向有关部门申请，然后携带准许证明去借，管理员要根据上课人数、运动项目来决定借多少，借什么，不能随意私自外借。

外借器材时，管理员要当面检查清点，作好记录，归还时，同样要当面检查，除了检查数量外，还要检查是否完好，检查无误后，再摆放到指定位置，便于下一次查找使用。每一次外借都要做好详细记录，比如借还时间、班级、器材数量、器材名称等。

（3）及时修理

第一时间清点偿还的器材，清点数量无误后，检查是否有破损，尽可能维修，以免影响使用寿命。

（4）保持清洁

要保持器材设备的卫生，定期擦拭除尘，构建一个干净、优美、舒适的课堂环境。

（5）管理员坚守岗位

器材管理员要坚守岗位，不得随意离开岗位，要经常检查器材是否完好，是否归类放置，对于延时归还器材的班级，要督促归还，并作好记录。管理员要了解各个班级的体育课安排，提前给准备好器材，同时也要灵活应对一些特殊情况，如天气恶劣、教师计划有变导致的体育课无法正常开展等。体育器材管理员在岗位上兢兢业业，有助于促进体育课顺利开展，他们是为了学校体育的发展而默默奉献的幕后人员，应该得到尊重，高校也要在薪资待遇、日常生活上给予优待、补贴，提高其工作积极性。

（三）体育教学场地设施管理队伍建设

高校体育教学场地设施管理具有较强的时效性，在管理过程中要做到长期管理与短期管理的结合、普遍管理与重点管理的结合、全面巡查和定点维护的结合、分工管理与合作管理的结合以及临时管理与计划管理的结合。这些要求对管理队伍的素质提出了较高的要求，在管理队伍建设中，要求培养一支人员稳定、结构合理、熟悉业务、责任心强的管理队伍。

1. 合理选拔

在体育教学场地设施管理队伍建设中，首先要做好管理人员的选拔工作，尽可能选拔符合以下条件的人员。

① 中年男性，拥有健康的体魄、成熟的思维、充沛的体力、稳定的性情和良好的耐心。

② 体育场地设施管理工作具有工作时间不确定性、管理内容复杂性与器材保障时效性等特征，因此管理人员应该具备一定的文化程度和高度的责任感。

③ 对可以长驻学校的人员优先选用，便于随叫随到。有时体育场馆的使用时间比较久，因此管理者要能够灵活控制工作时间，在岗位上履行自己的职责，为学校正常开展体育活动做出贡献。

2. 加强培训

（1）熟悉工作环境

向管理人员介绍工作环境、工作任务，让其尽快熟悉周围情况，进入角色，投入工作。

（2）思想培训

① 向管理人员介绍工作的性质、特点、范围、注意事项和岗位职责。

② 具体工作主要是卫生、场地器材保障、器材保养与维护等。

③ 介绍体育场馆各项管理制度，增强其工作责任心，做好上岗的思想准备。

（3）岗位培训

培训内容如下。

① 体育场地的画法。

② 各种体育器材的特点与用途。

③ 场地器材的维修、保护。

④ 体育教学的各项保障工作。

⑤ 每周工作计划。

⑥ 每天工作程序及工作内容。

⑦ 防火防盗、节水节电。

⑧ 应对紧急情况的办法等。

3. 跟踪管理

对体育场地器材管理人员要进行长期跟踪管理，在待遇、思想、生活、工作、家庭等方面给予关心，使其能安心工作。出现问题要实事求是解决，照章办事，严格要求又具有人性化。

二、开展丰富多彩的校园体育活动，营造良好的体育文化氛围

高校体育课程的教学时数有限，一些喜欢体育运动的学生认为课堂教学内容远远不能满足他们的学习需求，不能满足其兴趣爱好，也不能给其提供良好的表现舞台。对此，要在体育课堂教学的基础上不断拓展和延续，利用课余时间和节假日开展丰富多彩的体育活动，以满足学生的需要，巩固学生的知识和技能，为学生提供展现自身能力的机会和平台。举办各种各样的课外体育活动还有助于营造良好的校园体育文化氛围，吸引广大学生参与活动，进一步普及与推广体育项目，扩大校园体育人口规模，提升大学生体质健康水平。开展课外体育活动也是在拓展体育教学环境，在更广阔的活动空间和活动环境中能够对体育教学资源进行深入挖掘和开发，充实体育教学内容，创造更先进的体育教学方法和手段，建设体育精品课程，进一步提高对学生体育素养、健康品质的培养效果。

三、注重智慧校园建设

近年来，各学校都在加强智慧校园建设，体育场馆的智能化管理是智慧校园建设的一个重要模块，把握体育场馆智能化管理的深刻内涵和意义，利用智能化生态系统、智能健身"黑科技"，进一步推动学校创新体育场馆设施与器材装备现代化建设，开发和创新体育教学资源，更好地服务学校体育设施和器材建设与使用。积极解决学校体育场馆智能化建设的相关问题，将现代信息技术、最先进的科技与健身器械结合，让学生方便快捷地完成注册、交费、预约、锻炼、记录和分享等过程，还应根据每个学生的身体素质与健身诉求制定个性化运动方案，满足学生个性化、多层次的锻炼需求，使科学锻炼和高效管理变得简单易行。

不断提升学校体育管理水平，推进智慧校园的建设进程，如：可以提供智能篮球租借终端的"易租球"方案，用户手机扫码进入小程序，即可租球，解决了学生用球不方便、买优质篮球成本高等难题。"易租球"系统可以大大方便师生租借体育器材，提升学校学生锻炼的积极性。因此，建设智慧校园体育是学校未来的方向，也是提升学校体育教学、训练质量，学生体质健康

水平及加强校园体育文化建设的需要。

第三节 高校体育公共服务体系构建

一、高校体育公共服务体系构建的原则

高校体育公共服务是一种国家公共部门面向社会及广大人民群众的体育公共服务，以保障全体社会成员的体育需要，使人们更好地享受体育文化。高校公共体育服务体系是一个复杂的系统，构建该体系要贯彻以下几项基本原则。

（一）"以人为本"原则

"以人为本"是科学发展观的核心。坚持以人为本是重视人的需要，以实现人的全面发展为目标。构建高校体育公共服务体系的目的是满足校内和校外全体社会成员的体育需求。重视全员的体育需求就是要把不断满足人的体育需求、促进人的全面发展作为高校体育公共服务建设的根本出发点，体现以人为本的价值观。

（二）公共性原则

公共性是不同个体之间调节形成的一种共性，是由个体出发又回到个体的循环过程。体育公共需求是在不同个体之间形成的体育共识和共性。公共性原则强调实现公共利益。高校体育公共服务涉及高校、政府、社区等，各利益主体间的利益关系影响着公共利益的实现。因此在高校体育公共服务建设中要以实现公众的体育公共利益为纲领。不同利益主体行使公共权力、承担公共责任、解决公共问题时必须以公众体育公共需求为出发点，谋取公共利益。

（三）公开性原则

为了满足公众的体育需求，在高校体育公共服务建设中应该向社会公众

公布有关公共服务的决策、计划，这些决策与计划不仅要接受政府和体育相关部门的监督，还要接受全体公民的监督，让更多的公众参与其中。高校体育公共服务不仅由高校提供，政府和体育部门也是提供者，提供服务之前要先了解公众意愿，也就是民意，还要确保公众参与决策的渠道畅通，健全公众参与的规则及程序，促进公众参与机制的完善。

二、高校公共体育服务体系构建的内容

（一）体育设施体系建设

体育设施是开展体育活动的物质基础，也是高校体育公共服务体系的基本组成。在高校体育设施体系建设中，要保证能满足高校体育活动开展的基本需求，包括体育教学、体育训练、体育竞赛、课外体育活动等课内外各种体育活动的需要。与此同时，还要满足校外体育需求，包括社区居民、社会团体、民间组织的体育需求，主要就是为社会大众无偿提供体育公共服务。在体育设施建设过程中，体育馆、体育场、训练房、游泳馆等都是最基本的设施内容，并为各类设施提供配套的器材设备，完善体育设施的功能，提升体育设施的利用率。高校大型体育建筑还应有自身特色，能够成为高校体育物质文化的标志，同时一些基本体育设施、器材要对外开放，使社会大众共享这部分资源。

（二）指导培训体系建设

高校体育公共服务体系中包含的各类体育服务都是全面对外开放的。由于服务对象的身体素质、运动能力、健康水平等都有差异，因此需要加强对各类服务对象的指导培训，促使所有服务对象都能够在高校体育公共服务中受益。

建设高校公共体育指导培训体系，首先要对社会体育指导制度大力推行，并鼓励和吸引社会志愿者在高校体育公共服务中贡献力量，从而对体育指导培训起到一定的强化作用，使体育活动更有组织性，活动效果更好。此外，还要根据需要成立新的体育指导组织，使基层组织的辐射范围更广泛一些，

对居民自发性运动锻炼发挥更好的组织指导作用。

（三）体质监测体系建设

体质是健康的基石，提升国民体质、促进全民健康，这是高校体育公共服务体系建设的根本目的。因此，体质监测体系在高校体育公共服务体系中占据重要地位，是体育公共服务体系建设的主要内容之一。通过建设体质监测体系，将更科学、全面的体质监测服务提供给师生、大众，从而对体育参与者的体质状况有清楚的了解，根据测试结果为测试对象制定体质健康干预处方，尤其是运动处方，有针对性地通过运动指导实施健康干预，解决体质健康问题，提升体质健康水平。

（四）组织管理体系建设

高校体育公共服务体系具有综合性、复杂性，要提升高校公共体育服务效果，在建设体育公共服务体系时首先必须充分发挥组织管理系统的作用，保障高校体育公共服务体系建设中每个环节都准确、高效。在高校体育公共服务的组织管理体系建设中，首先要加强公共服务设施管理，其次要定期组织与举办体育赛事活动，吸引师生、民众参与，不断丰富体育公共服务内容，融入师生的日常生活来提供更为广泛、优质的体育公共服务。最后要加强体育项目创新及服务团队组织建设，从民族传统文化和地方特色文化的传承与弘扬出发，组织丰富的传统体育文化活动，满足不同年龄、性别、层次的人的体育参与需求，这是高校体育公共服务多元化的主要体现。

三、我国高校体育公共服务体系构建的对策

（一）提供资金支持

高校通过市场化经营，将体育场地设施进行对外开放，通过组织体育培训，向公民和在校师生收取服务费用，多渠道扩大经费来源。此外，还可以通过社会赞助、体育表演竞赛盈利等方式获取体育资金，从而为完善高校公共体育服务体系提供资金支持。

（二）实行监督机制

要最大程度地提升高校体育公共服务的效用，就必须对高校体育公共服务的决策、执行、效果实行全程监督，并以相应的激励机制对各个环节予以激励。但监督仅仅是负强化管理行为，要提高高校体育公共服务水平，还要积极发挥正强化激励作用，政府要激发高校提供体育公共服务的积极性、激励良好体育文明行为。

（三）构建评估指标和责任追究机制

第一，充分认识评价和责任追究的关系，通过客观有效的评价结果明确体育公共服务责任，落实责任追究，防止行政过错。

第二，构建既能反映高校体育公共服务能力、又能反映高校体育公共服务质量的评估指标，根据不同的服务项目设立不同评价标准。

第三，将高校内部的主观评估、外部客观评估结合起来，从而实现更加全面化、多元化的评估。

第七章　高校体育师生的
培养与发展

　　高校的体育教学与其他阶段的体育教学相比，具有更高的挑战性和复杂性，这是由它的教学主体决定的。因此，在大力开展体育教育中，高校需要对其教学主体进行培养与发展，才能让高校公共体育教育顺利地进行。本章，我们从高校体育教师和大学生两方面进行阐述，以期对促进我国高校公共体育教育的顺利开展提供一定的助益。

第一节　高校体育教师的培养与职业发展

　　体育教师的政治思想水平、业务能力和文化修养，直接影响着教育的质量和学生的发展。为适应时代发展的要求，体育教师必须不断地完善自我，通过在职培训提高自身的素质。

一、提高高校体育教师的综合素质

　　高校的体育教师不仅具有教育和辅导大学生发展运动水平的职能，在现实生活中，他们往往也是学生们最愿意亲近的良师益友，是大学生健康成长的引路人。因为，大学生基本上已经确定了未来的职业方向，或者说基本上明确了未来要从事的行业，因此目标感相对清晰。对于他们而言，体育课是唯一可以轻松享受运动、没有任何压力的课程，大学生们普遍愿意亲近体育教师，喜欢和他们一起打球、切磋技艺、讨论比赛，以及共同喜欢的球星的见闻等。从这个方面来看，高校体育教师队伍的素质水平至关重要，体育教师的思想理念、价值观、行为方式和言谈举止，会直接影响一批大学生的思想、价值观和行为。

因此，提高高校体育教师的综合素质水平应是高校教育工作的重要环节。但是，无论是对学生进行素质教育还是提高教师的综合素质水平，都并非那么简单容易。而作为成年人的高校体育教师，他们已经形成了稳定的价值观和行为方式，这时候就需要拿出更多的时间和努力，循序渐进地、一步一步地进行培养。切实提高体育教师队伍的综合素质水平，努力造就一支高水平、高素质的教师队伍是实施素质教育、培养富新时代的社会主义建设接班人的重要保证。具体到落实层面，一般从以下几个方面进行。

（一）提高思想政治素质

有关体育教师思想政治素质的重要性前面已经做了详细的论述，无须赘言。而如何从整体上培养和提高体育教师的思想政治素质是最重要的议题之一。首先，最直接也是最基本的方法就是敦促体育教师加强政治学习，学校要做好相应宣传和培训工作，为体育教师政治思想的成长做好必要的准备。学校应积极传达国家的教育政策与方针，努力使全校师生关于教育方面的最新政策法规能够得到信息同步。其次，学校还应该积极开展各种形式的讲座、沙龙、演讲等活动，通过不同的角度和方式，让体育教师在参加各种活动的过程中，逐渐深入地完善自己的政治思想根基，稳定自己的价值观和世界观。最后，要加强对体育教师自我学习意识的培养，增强其内部学习动机。只有自己认识到思想政治素质的重要性及持续学习的重要性，才可能获得最佳的学习效果，才能保持稳定的内在动力。

（二）提高身心素质

我国近几十年的飞速发展以及所取得的骄人成绩令全世界为之瞩目，中国逐渐从一个发展中国家向着综合国力强劲的现代强国迈进。然而，在收获喜悦和自信的同时，我们每个人也真切地感受到国家与社会的快速成长带给个人的强大冲击。每个人都应该努力发展，持续学习不断精进，才能跟随社会的步伐，才能真正为国家的建设作出贡献。尤其是教育工作者，他们的肩上担负着为祖国和社会培养人才的重任，他们的身心素质状况非常重要。对于高校的体育教师而言，应该意识到时代发展的需要，要主动面向未来、面向世界，积极提高自己的身心素质水平，成为祖国体育事业发展和人才培养的重要力量。同时，我们也能看到，无论是备课、授课、组织学生的课余锻炼与训练还是搞教研攻关，都要求体育教师有强健的体魄、强大的心理承受力才能很好地完成任务。良好的输入才会有良好的输出。体育教师只有不断地成长，不断地从外界吸取精神营养，才有能力持续地带给学生最佳的学习体验。在提高体育教师身心素质方面，具体可以从以下几个角度着手。

1. 以身作则，坚持规律的体育运动和身体锻炼

这既是对学生无声的教导，也是自己健康的需要。是为了更好地开展工作和学习的必要准备。而且，健康强健的体魄是一切的基础，是发展身心素质的基本前提。

2. 学校要建立奖励机制

敦促体育教师广泛地阅读，扩大自身知识面的同时，提高思辨能力、鉴赏能力和学习能力。学校还可以充分挖掘自身教学资源的优势，比如鼓励体育教师通过旁听本校的其他课程，比如英语课、艺术史课、文学课等。目的是除了自身的专业之外，让体育教师有机会得到多方面的文化熏陶，从而提高他们的综合素质。鼓励体育教师学习和掌握外语，从而能够随时学习体育领域、教育领域的最新研究进展。学校可以给本校的体育教师创造一些进修深造的便利机会，对于表现突出的体育教师，还可以采取经济鼓励，或者假期鼓励等。

（三）提高能力素质

有研究数据显示，教师的能力水平与教学效果具有较高的相关性。因此，教师的能力水平将与学生的学习成绩，以及学校的教学任务的完成情况直接相关。而体育学科的独特性要求体育教师的能力素质又不同于其他学科的教师能力要求。最突出的一点是体育教师要具备更强的综合能力素质。尤其是组织与管理能力、理论结合实践的教学能力、观察能力、与学生的互动能力、调动课堂氛围能力以及应变能力等，这些都是体育教师在日常体育授课中所要用到的基本能力。体育教师在努力发展自己的专业能力、教学能力之外，还要有意识提高其他相关的综合能力，具体可以从以下几个方面入手。

1. 增强专业知识积累

体育专业曾一直被认为属理科范畴，体育教师也就往往偏重于理科方面的学习。其实体育是一门综合性的学科早就被人们认识。随着科学的不断发展和认识的不断深化，人们对体育的研究已从开始的教育和生理角度扩大到今天的社会、心理、文化等深层领域，体育人文学科随之产生，这是社会发展的必然结果，也是体育科学的发展所在。这些学科包括体育社会学、体育人类学、体育哲学、体育心理学、体育管理学、体育经济学、体育文化学、体育新闻等。

2. 加强自我更新能力

体育教师的能力素质是集合多个方面的综合能力，因此，需要多方面的学习和训练，这其中自我更新能力就显得格外重要。体育教师必须勤于思考、敏于观察，通过感知周身世界、社会及学校的发展和变化，结合自身的发展需要、特长特点，以及兴趣爱好，进行有目标、有计划的自我更新和自主学习。这样，体育教师才能不断地更新自己的知识结构和能力结构，才能符合时代对高校教师的期待和要求。

3. 加强与精英前辈的学习和交流

体育教师应该积极与其他学科的教师交流教学经验和方法，积极寻求相关领域专家的指导和帮助，争取更多地参加体育行业的交流和培训活动，不断完善自身的专业素质。时刻关注着国家和学校的教学改革的动态，刻苦钻研新的学科前沿知识，积极开展教学研究。争取创造性地为完成教学任务，为所在高校的体育教学开创新局面。

4. 拓展业务知识

体育教师的教学过程，运用的技巧、方法的基础是教育心理学知识，体育教学效果的好坏，很大程度上反映了他们这方面理论知识掌握的扎实程度。教育学中，教育思想是头等重要的事，具有正确的教育思想，才能达到充实的教育境界。在贯彻"健康第一"的教育思想时。首先，要把"健康第一"搞清楚，明确为什么要讲"健康第一"的问题，使自己真正树立这种教育思想。教育是有目的的活动，只有明确目标才能成为自觉行动。其次，掌握教育方法、教育技能、教育手段及教育体系等等理论问题都将有利于开展体育教学工作。

5. 加强自身的组织管理能力

因为体育课大多情况下都是在室外进行，具有开放性与动态性的特点，这是对体育教师组织管理能力的具体要求。体育教师必须有能力保证体育教学的顺利进行，对课堂上的突发状况能够有一定的控制能力。由于学生们在进行比赛和训练的时候难免会有些混乱，这时候就需要体育教师的组织管理能力来维护课堂秩序，既要保证体育课活泼生动的进行，又要监督所有同学都能在遵守纪律的前提下完成训练和运动。

（四）提高继续教育质量

继续教育是当代职场人的共同命运。而作为教育工作者，高校的体育教师应该具有强烈的学习意识、明确的学习目标和持续的学习动力，以积极主动的姿态投入继续教育的活动中。随着社会的进步以及科技的快速推进，人类对知识的需求开始出现了结构性的变化。在全球范围内，人们对知识的认识又有了新的理解。人们更加注重对创造力的培养，而将大部分的"死"知识交给计算机和人工智能来处理，这也与素质教育的要求不谋而合。作为高校的教育工作者，作为为国家培养人才的培育者，高校体育教师应该意识到自身肩负着重要的使命，应该将终身学习作为职业发展的基本前提，而继续教育是每一位体育教师能力提升的主要途径。

高校应该是教师开展继续教育的策划者、支持者和受益者，因此，高校应该尽可能地为教师顺利完成继续教育提供助力。无论是提供教育资源，还是为教师们创造更好的客观条件，总之，高校对体育教师的继续教育发挥着重要的作用，也决定着继续教育结果的成败。当今社会，不进则退，不学习必然会落后，体育教师只有不断地学习与接受再教育来提高自身素质，才能更好地对学生实施素质教育。

二、培养和提高体育教师的学习能力

学习方法决定着学习效率。作为体育教师而言，他们一边是极其繁重的工作任务，另一边又要利用业余时间进行自我提升和继续教育，如果没有科学的、合适的学习方法，那么很容易降低其学习效率，久而久之还会挫败他们的学习热情和积极性。因此，掌握一套高效的学习方法对于体育教师而言非常重要。

（一）带着目标和问题学习

成年人的优势就是具有更强的自我意识和自我认知能力，这意味着他们的学习一般都具有明确的目标。体育教师应该从自身的实际情况出发，制定明确的学习方向和学习目标，然后通过目标管理工具和时间管理工具，有计划、有步骤地完成学习。这一般适用于系统的能力提升或者学历晋升类的学习。

带着问题学习指的是以解决实际问题为目的的学习活动。体育教师在日常的教学实践中时不时会遇到一些具体的困难，如果仅仅敷衍和应付过去，那么问题会一直存在，之后还会再次出现在工作中。因此，体育教师应该具有这样的自觉性，即遇到困难时应主动去解决，带着明确的问题通过找资料、请教专家、与同行交流以及自己的摸索与实践，一定可以找到更好的方法。而这恰恰也是一种重要的学习方法。

（二）多思考多交流多实践

学而不思则罔。学习最重要的就是勤于思考，在学习新知识和新技能的时候，要多加思考，努力更加透彻、更加全面地理解和掌握。同时，还要将新学的知识技能与现有的知识技能相结合，逐步建立和形成自己的知识体系，从而拥有稳固的知识结构。

多与他人进行交流和互动往往比自己埋头苦干更有效率。这有助于从不同的角度观察和理解事物，从而有利于全面地掌握知识和技能。体育教师在提升自己能力的过程中，应该有意识地多与前辈和同行交流，通过彼此分享各自的心得与经验，可以获得更多的灵感，受到多层面的启发，从而有助于提高学习效率。

学习与实践是相辅相成的，只有经过实践检验的能力才是可靠的、稳定的和长久的。体育教师的职业特殊性决定了他们的学习有很大一部分都是离不开身体的运动实践，而边学习边实践是非常有效的学习方法。而对于理论类、综合能力类的学习同样可以在日常工作和生活中寻找和创造实践的机会，从而加强对理论知识和能力的掌握程度。

（三）善于利用学习资源

当今的通信技术已经非常发达，只要能连接到互联网，就可以找到各个领域的专业知识资源。它极大地跨越了时间和空间的限制，这是科技赠与每一个现代人的福利。体育教师应该学会运用互联网特别是移动互联网等现代技术手段，根据自己的学习需要和学习目标，选择最佳的学习途径和学习资源，逐渐实现更方便能力素质的提升。

三、培养和提高体育教师的创新能力

未来社会最需要的是创新人才，而创新人才的培养需要创新教育，而创新教育则需要非常优秀的、具有创新意识和能力的教师来实现。高校教学的创新包括教育思想的创新、教学模式的创新、教育方法的创新等。而这一切都需要高校教师具有突出的创新能力，还需要教师们的积极探索与大胆实践才能得以实现。对于高校的体育教师而言，他们的创新能力主要体现在具有强烈的创新意识、善于挖掘创造性因素、善于培养学生的创造性思维，以及善于把观察与思考转化为行动的能力。

（一）加强培养体育教师的开拓精神

要具有创新能力首先应该具有大胆的开拓精神，尤其是青年教师，要具有不愿因循守旧、安于现状的创新意识。体育教学是在动态中进行的，而体育运动本身又具有复杂性、多变性和多样性的特点。体育教学的这些特征都是培养体育教师的开拓精神的有利条件。由于体育训练和体育运动的多样性和复杂性，体育教师可以在课堂上赢得一定的创新空间。可以因时、因地选择不同的教学方法进行教学。还可以大胆借鉴其他学科的教学方法，经过创造性的构思，为现有的体育教学提供新的灵感，同时也提升了教师的创新能力。要达到这样的效果，体育教师必须大胆发挥勇于开拓的精神，勤于学习和思考，进而不断提高自己的创新能力。

（二）积极鼓励体育教师的创新热情

创新意识是发展创新能力的基础，一个具有创新意识的人总是能在日常的工作和生活中获得创新灵感，而不具备创新意识的人即便遇到很好的创新机会和创新素材也会视而不见。我们的体育教师其实本身都具有一定的创新热情，因为在体育运动过程中充满未知，无论是哪种项目，同样的运动员在不同的比赛场上会有不同的表现，而且没有两场比赛是完全相同的，这就是体育比赛的魅力。体育教师本身都有运动员背景，他们从小在运动中学习，在运动中成长。因此，他们的运动基因决定了他们本身就具有创新热情行业创新能力。只是在工作中逐渐被掩盖和消磨，然而一旦给他们创造更加宽松和积极的环境，这种创新热情会自然而然地喷薄而出。因此，要鼓励体育教师发挥并发展他们的创新热情。

（三）加强提高体育教师的教研能力

可以说，体育教师的创新能力主要体现在教研能力方面。除教学之外，教师的知识积累和教研能力将决定着教师的创新能力。教学改革的目的之一，就是将已经不再适合社会发展需要的教学模式和教学内容进行大胆改革和突破，这其中起到关键作用的就是教师队伍。因此，教师队伍的创新能力将直接决定着我国教育改革的效果。

加强体育教师的教研能力就需要敦促教师不断提高自身的专业知识与能力，同时要大胆地、科学地、创造性地将理论和实践经验相结合。通过广泛调研和不断的实践，将自己总结的经验上升为相对系统的方法论，然后再逐步更新现有的教学内容。这是衡量一名教师的创新能力的最主要的标准，也是一名高级优秀教师应该具备的水平，我们的高校体育教师应该要努力提高自身的创新能力和教研能力，为我国的素质教育贡献力量。

四、提高高校体育教师的专业化水平

（一）个人发展与职业发展相辅相成

在提高高校体育教师的综合素质、学习方法以及创新能力的基础之上，更为重要的一点是提高体育教师的专业化水平。通过不断地增强体育教师的职业意识，不断拓展体育教师的教育理念，进一步促进体育教师的专业化水平的提升。只有将高校体育教师的教学与专业化培训结合起来，才能真正实现提升高校教师的专业能力，才能让教师稳健地、持续地得到提升和成长。体育教师自身要端正自己的职业情怀，专注于教育事业。只有在这样的基础上才能充分地打开体育教师的个人发展的路径，从而有资格成为国家教育事业发展的教育人才。

（二）学科建设与教师的专业化发展

高校对体育学科建设情况也是影响体育教师专业化成长的重要因素。高校通过学科建设来引领高校体育教师的专业化发展。完善的体育学科建设是体育教师专业化发展的基本保障。各高校应该根据自身的能力和实际情况，努力打造出适合自身发展的学科体系，并组织相关的教学骨干成立专项教学小组，研究体育学科的教学价值、教学模式与教学内容等。总之，高校应该积极采取措施，努力把提高教师的专业化发展为核心目标，进而才能培养出一支符合时代要求的具有较高素质的体育教师队伍。具体的工作步骤包括以下两点。

① 成立专项体育科研小组，从高校的实际情况出发，扬长避短，进行有针对性的建设。特别是要发展自己的核心项目，通过核心项目带动其他项目，最终实现高校体育学科的全面发展。

② 建立反馈机制，让教师在教学工作随时得到反馈，及时了解教学效果，进而进行有针对性的改善和优化。科学可行的反馈机制无论对于学科建设还是教师的成长，都具有重要的现实意义。

（三）用激励机制促进专业化学习

个人的快速成长除了自身意愿和内在动力之外，外部的激励机制也非常重要。因此，高校在引导体育教师进行专业化发展的过程中，应该制定切实可行的激励制度来给予教师一定的外部刺激。例如，通过职称评定、晋升、评优等多样化的奖励手段来提高教师开展专业化学习的积极性。同时，还应该注意到当今高校教师教学任务繁重，高校应该进行合理的分配和安排，尽量科学地安排教学时间，减少不必要的重复工作。为教师创造更多的学习时间，让教师能够积极地参与到培训学习中。

（四）通过团队建设促进教师发展

个人发展必然会受到周围环境的影响，因此，创造有利于体育教师进行专业化发展的环境也是一项必要的工作。高校要发挥积极的引导作用，营造良好的学习氛围，而这需要通过团队建设的手段来实现。高校还要发挥组织协调的作用，定期安排备课活动、教学反思活动、听课活动及观摩活动，这些都是学习的良好氛围。教师也应该积极参与团队建设，全身心地参加集体活动，为团队的发展作出自己的贡献。在团队建设中，成员之间可以增加交流经验的机会，从而共同成长、共同进步。久而久之，教师的专业化发展也会将取得效果。

（五）推进体育教育专业课的改革

高校体育课程的设置也是影响体育教师专业化发展的一个重要因素。在体育教学实践中，体育教师的专业化发展与体育课程的设置是相辅相成的，教师需要把所学及时地运用到教学实践中，这样才能正向地循环。因此，高校应该积极推进体育课程的改革，使其与体育教师的学习相互呼应。所以，在制定体育课程的时候要参考体育教师的专业基础、学习内容进行课程设计。而现实情况往往是高校体育教师的教学水平参差不齐，教学模式比较落后，导致教师在专业化水平发展时受到不同程度的制约。这就需要高校根据本校教师的实际情况对体育课程进行改革。

五、体育教师职业发展趋势

（一）在职教育以人为本

社会的知识化，要求教育贯穿于人的一生，继续教育必须以人为本，而不能以教材为本。要避免"学院式"教学，要把统一的、规范的学历教育的模式改为按需施教，按需设课，按需选学的模式，亦符合继续教育规律的模式。

知识是教师整体素质的基础，针对体育教师职业的特点，体育教师不但要有理论知识还更要具备更多的实践知识，这也是提高教师自我完善能力、竞争能力、生存能力的基础。在继续教育过程中，不但要注意学科专业知识的更新，同时要注意多元化文化知识的扩展，打破学科界限，相互渗透，融会贯通。

（二）教学模式多元化

不同的生产力发展水平要求教育不同水平的人，随着生产力水平的提高，相对封闭的成人教育办学模式必须改变，体育教师的继续教育也将进一步从封闭走向开放，构建多样化、开放式新型继续教育模式。

在学习形式上开放办学，把以课堂面授为主改为课堂面授、开办讲座、自学、研修、教学研讨、教学实践、课题研究、社会调查、导师带教等多种形式；在师资队伍上体现开放办学，把以进修院校专职教师为主改为建立大教育的师资队伍。在培训基地建设上体现开放办学，把较单一的教师进修院校办学改为教师进修院校、教研部门和各中小学分工合作；在学习时间上体现开放办学，把教师在上班时间接受在职教育改为以业余学习提高为主；在教学手段上体现开放办学，把单一的课程面授改为利用现代教育手段，包括录音、录像、广播、电视、计算机远程教学网络等。

（三）学习与科研有机结合

在职教育与学历教育在对象上有所不同，不少教师具备中、高等教育，又具有丰富教学经验，有的要将教育科研引入继续教育的全过程，促使他们在教育教学和教育科研能力方面有更大的提高。抓好在职教育过程中的教育科研，关键是选准理论与实践的"结合点"，边研究，边实践，使教师由经验型提高到科研型。

（四）持续学习加强实践

随着时代的发展，社会对教师的素质提出了新的要求和期望，以此促进教师上岗前、在职教育一体化成为必然。体育教师职业的发展过程是一个持续学习，实践教学理论、探索教学方法、途径，积累整理教学经验，调整教学行为，更新教学观念和提高教学技能的发展过程。这对体育教师的专业化知识提出更高的要求，教师在教学的过程中发现自身专业知识的不足，然后通过在职教育的学习去弥补相关的专业知识。教师只有通过不断的学习，才能不断地提高自身的专业素质。

第二节　高校大学生体育素养的培养与提升

增进健康、增强体质、培养学生体育素养是高校公共体育教育的主要目标，在贯彻《课程指导纲要》过程中，各级各类高校体育课程通过体育选项课、俱乐部制改革及校园体育文化建设等途径，对学生体育素养的培育起到了十分积极有效的作用。

一、体育素养的含义

体育素养是指做人应具备的基本体育品质和基本态度，包括按照体育活动要求正确处理自己与他人、个人与集体、个人与社会、个人与国家，乃至个人与自然的关系。

二、"健康第一"理念的培养

面向全体学生，全面提高其身心健康水平是学校教育工作的基本内容，是学校体育工作的重心。学校体育更应突出"健康第一"的指导思想，要强调"健康是目的，体育是手段，体育为健康服务"的理念。

（一）"健康第一"教学理念的具体内涵

"健康第一"教育理念的内涵主要体现在以下方面。

1. 注重实践功能，反对形式主义

"健康第一"教育理念抛弃了形式主义，非常注重体育教育本身的实际价值与目的，以努力促进学生的身体健康发展为根本点。要想实现体育教育的目标，必须强化体育课堂的实践功能，真正将学生的体质健康、心理健康、社会适应能力放在首位。采取多种有效手段使学生掌握体育基本理论知识、实践技能，帮助学生养成良好的体育行为，提升体育意识。

2. 强调身体健康的重要性

"健康第一"不仅指的是身体健康，同时还包括精神健康、心理健康、智力健康、良好的社会适应能力等。在多维度的健康观中，身体健康是健康的基础，如果少了身体健康，其他方面就很难获得健康的发展。

3. 多元健康发展的素质教育

"健康第一"的教育理念强调好的教育不能够仅停留在提高学生的升学率、文化课成绩上，更需要看学生和教师的共同发展。学校教育的发展以学生和教师的发展为基础。

现代学校教育要求我们必须在"健康第一"教育理念的指导下，进行多元健康发展的素质教育，摆脱长期以来学校只关注学生成绩的不良现象。构建多元教育评价制度，促进学生全面素质的发展。

（二）贯彻"健康第一"教学理念的必要性

1. 有助于提升体育在学校教育中的地位

虽然"健康第一"教育理念如今在学校教育中得到了广泛的传播，但同时也存在一些问题，"健康第一"在学校体育中地位越来越重，而被学校本身的教育背景所侵占[①]。我国的学校体育教学受传统教育、旧大纲片面强调"增强学生体质"的影响，过于注重教授技术、技能，体育教学在实施过程中出现了诸多问题。许多学生认为体育课上学习到的知识没有用处，妨碍其进行文化课的学习，对于开学没有丝毫帮助，是不务正业。在这种观念的影响下，文化课老师和部分学生家长对体育课的开设与实施持否定和怀疑的态度。导致很多学校在一个学期内开设的体育课时数量极其有限，学生严重缺乏适当的体育锻炼。

倡导"健康第一"的理念打破了一部分学生家长的偏激看法，让学生有强健的体魄保证学习的正常进行，以积极乐观的心态看待学习中遇到的难题，培养高尚的人生观、价值观。与此同时，通过体育运动培养学生的合作精神，提升自身的社会适应能力。

"健康第一"理念的提出有效提升了体育在学校教学中的地位。在常年应

---

① 崔娟."健康第一"教育理念下的体育与健康教学定位分析［J］.产业与科技论坛，2021，20（4）：254-256.

试教育的影响下，学校往往将大部分精力投入语文、数学、英语等学科教学之中，学生承担了过多的学业压力，无暇顾及自己的身心健康，很少花时间进行体育锻炼。但"健康第一"理念提出后，许多学校为了顺应"健康第一"的号召，开展了"每天一小时体育活动"，不仅为学生"减压"，而且在一定程度上使学生重视体育教学活动，改善了学生的健康面貌。

2. 有助于改善和增强学生体质

据调查发现，近些年来，我国很多高校的学生承受过量的学业压力，体质健康状况呈现整体下滑的趋势。新课程标准中倡导的"健康第一"的指导思想贯彻了人道主义精神，强调关心学生健康的现实紧迫性，扭转了学校开展体育工作的被动局面。

在传统教育观念下，体育教育不受重视，人们通常以为体育教育是不成体系的一种活动。特别是一些竞赛活动，似乎只与专业的运动员有关，与学校里的普通学生毫无关系。但是"健康第一"教育理念的提出促使人们的观念一步步转变，让人们认识到体育教育的重要性。

3. 有助于促进师生、家长、社会等方面的合作

"健康第一"教学理念的落实促进了校方、家长、整个社会的通力配合，使社会各界了解了体育健康对学生成长的关键作用。校方需要与学生积极探讨体育教学的方法，开展学生感兴趣的体育活动。教师灵活制定教学计划，组织教学内容，实现教学目标。家长需要支持校方的体育改革举措，成为校方的"援助团"，妥善处理学生在体育课堂上喊苦喊累的情况、压缩学习文化课时间的情况。整个社会需要营造鼓励全民进行体育锻炼的氛围。校方、家长、整个社会被捆绑在一起，在体育活动中、当代体育背景下一步步摸索，共同度过"破冰"的探索阶段。

4. 有助于学生各方面素质的发展

全面发展指的是学生的体力、智力都能得到充分的发展，实现人的和谐发展。"健康第一"教育理念的提出为"终身体育"做准备，有助于开发学生的运动潜能，让学生掌握随时开展体育锻炼的方法。例如，掌握基本的保健知识、伤病防治知识，了解不同运动项目的特点，熟知不同的训练场地等。对于学生而言，只有具备了这些方面的体育能力，各方面素质才能获得发展。

三、高校大学生体育素养的提升

体育素养的各个方面是有机联系的相辅相成的整体。体育知识是基础，但只有体育知识，没有运动技能和技术，也只是一个夸夸其谈之徒；运动技能和技术是重点，是体育文化素养的外在表现形式。但只有运动技能和技术，缺乏体育道德作灵魂，也不过是增加了几个四肢发达、头脑简单的莽汉而已；而没有体育意识做动力，提高体育文化素养则成了纸上谈兵。因此，提高学生体育文化素养，需要注重全面提高体育文化的各个方面，不可偏废。

（一）掌握体育和健康的基本知识，提高自身体育活动的能力

大学生在高校的体育学习过程中，应注重体育对促进健康的重要作用，掌握体育健身的基本原理，并能运用这些知识和原理指导自身的体育锻炼；要学会体育锻炼评价方法和身心健康的评价方法，把体育视为一种文化加以理解，不断提高自己的体育素养，同时还要注重提高自己的体育活动能力。体育活动能力的提高除了要掌握体育和健康的知识，还要学习一定的运动技术和体育锻炼的方法，形成一定的运动技能。要从增强体质的角度去学习运动技术，把运动技术看成是增强体质和提高健康水平的手段，把运动技术和体育锻炼方法的学习过程看成是增强体质、增进健康、传播体育文化的过程，切实为终身体育奠定基础。

（二）坚持锻炼身体的习惯，养成健康的行为生活方式

不良的行为和生活方式给健康带来不利影响。现代社会生活方式的多样性，行为方式的个性自由特征，使个人的行为和生活方式对健康的不利影响逐渐增加。对于持久的健康来说，无论是目前使用或将来使用的药物，都没有健身计划和健康的体育锻炼方式更有发展前途，为此我们应养成坚持体育锻炼的习惯，培养自我健康的行为生活方式。

（三）培养自身的体育道德修养

自工业革命以来，人类社会对地球无限制地开采和掠夺，以及科学发展的无序和失控，核毁灭、人口过剩、环境恶化等关系人类生存的问题已引起

人们的高度关注，制定全球范围的道德规范将是伦理学家和政治家的重要工作。而体育是传播精神文明的重要载体，通过体育行为培养现代人高尚的道德情操是一条有效的途径。因此我们应培养自身的体育道德素养，在体育运动竞赛中养成优良品质。大学生要加深对体育的理解，领悟体育的真谛，这是培养良好体育素养的根本途径。

1. 培养大学生的竞争精神

竞争是现代人应具备的一个重要精神和品质，体育的灵魂是竞争，体育运动中的竞争对社会的教化作用是其他任何文化活动难以比拟的。

2. 培养学生的规则意识和平等观念

体育运动最讲规定、不徇私情；最讲现实，不论资历；最讲务实，不图虚妄。因此在体育运动中，各种竞技和比赛，虽然是以身体运动为主要形式，但本质上却是人类竞争意识的最公平、最公开、最公正的较量。体育运动就是宣扬这种权利的最好榜样。任何体育竞赛都崇尚公正的原则，执行时人人都必须遵守共同的"游戏规则"，保障每个人都站在同一起跑线上，这种参赛的平等，是鼓励竞争的平等，是带来民主与法治的平等，而不是削足适履的均等。这是体育精神为发展市场经济所做的深层贡献。

3. 培养学生的民主精神

人类赋予体育的理想：和平、进步、团结、友谊，以及相互尊重和了解，对人的正直和尊严的充分尊重等，都集中地表现了人类梦寐以求的民主愿望，充分反映出了体育的民主目标。

4. 培养学生的开放观念

通过体育竞赛所获得的胜利来振奋民族精神，实质上树立一种和平竞争的国际化观念，有利于国民积极参与开放型的竞争，接受机遇和挑战。

5. 培养学生的集体主义精神

开放表现了现代人对新技术、新事物、新观念的态度，竞争反映了现代人的意志倾向，而集体观念则显示了现代人对社会集体的态度，是使竞争发挥作用的一个聚合的因素。激发集体意识可以增强现代人的社会责任感和事业心，淡漠集体意识往往使他们失去了立身之本现代体育牢固地维系着民族感情，它使每一个成员都能享受到归属于它的荣誉感，认同于它的义务感。

6. 培养学生的协作精神

学校体育教学是培养人们团队意识、协作精神的最佳场合。协作能力既是体育教学所要培养的素质之一，也是通过体育教学活动所要发展的一种能力。在体育教学活动中，没有协作很多技术和战术就无法完成。只有通过与他人的协作，不但使集体的目标得以实现，而且个人的作用也得到了充分的发挥和体现。同样，校内外许多体育社团的存在和发展不仅有其发展体育事业的价值，而且对整个社会的发展起着重要的促进作用。

第八章　多维视域下高校公共体育教育的创新改革与发展

随着我国高等教育渐渐由精英教育迈向大众化教育，现代教育改革势在必行，全面素质教育也已成为发展趋势。相应地，体育教学的应试部分也要向"健身教育"转化中。因此，要加强高校公共体育课程教学的改革与创新，集中解决公共体育教学中存在的问题，优化体育教学质量。高校公共体育课程教学改革就是要促进学生身心健康、体魄强健，向终身体育方向发展，培养学生的终身体育意识。高校体育工作者应该以积极的态度，不断探究、创新、实践，探寻关于公共体育课程教学改革的有效方法。

第一节　信息化时代背景下高校公共体育教育的改革发展

在信息化时代，信息技术的高速发展与不断渗透促进了高等教育的改革与创新。信息化技术进入高校，与体育课程相融合，优化了体育课程教学过程，提升了体育课程教学的先进性，改善了传统体育教学的不足，有效提高了体育教学效率。现代教育技术的快速发展使高校体育教学发生了全新的变革，体育教学在信息技术的支撑下焕发出新的活力与创造力。

一、公共体育教学与现代信息技术的整合

随着现代教育技术和多媒体教学手段的不断发展，体育教学技术越来越丰富、先进，教学层次和水平不断提高，也出现了高质量的体育多媒体教材。这类教材的特点在于融教学内容和教学方法于一体，因而能够起到重要的作用。

（一）公共体育教学与现代信息技术整合的目标

在素质教育理念下，学科教学与现代信息技术整合的主要目标是对具有全面能力素质的创新人才进行培养，具体可以这样表述其宏观目标，通过整合，对信息化教学环境进行创建，促进教学的信息化发展，扭转传统教学方式的落后局面，对学生的创新能力进行培养，在信息技术环境下推动创新教育和素质教育的落实及其目标的实现。

① 对学生获取、分析信息、加工利用信息的能力及其信息素养进行培养。

② 对学生的终身体育学习意识与能力进行培养。

③ 提高学生运用现代信息化学习方式进行高效学习的能力。

④ 对学生的适应能力和解决问题的实践能力进行培养。

总之，将公共体育教学与现代信息技术有机整合，促进理想教学环境的创建和优化，对传统体育教学模式进行改革与调整，提升体育教学效率和水平，最终对全面发展的人才进行培养。

（二）公共体育教学与现代信息技术整合的意义

高校公共体育教学与现代信息技术的整合从理论上科学指导了体育教学观念的转变和体育教学模式的探索；将丰富先进的现代教育技术手段运用到公共体育教学中有效促进了体育教学效率的提高、教学效益的优化和教学质量的改善；二者的整合也推动了体育教学的现代化和高等教育的现代化。

下面具体探讨体育教学与现代信息技术整合的意义。

1. 促进体育教学改革

随着高等教育的不断发展和信息技术的深入渗透，信息技术在高等教育教学中的地位不断提升，得到了广泛应用，有效促进了高等教育的改革与发展。

2. 提高体育教学效率

在体育教学中，以尽可能少的必要时间成本获得尽可能多的教学成果，这是高的教学效率。在体育课堂教学过程中整合与运用现代信息技术手段对提升课堂教学效率具有重要意义。体育教学与现代信息技术整合后主要从以下几方面来提升教学效率。

（1）科学设计教学过程

在系统理论的基础上设计体育信息化教学过程、学习过程，以优化体育教学系统，使教学系统有序而高效率地运作。

（2）应用现代教学媒体、技术

在体育教学中根据教学需要而正确运用现代教学媒体、技术，促进了体育教学信息传播速度的提高。例如，体育教师在课堂上使用投影仪、幻灯等仪器设备，不需要将时间浪费在写板书上。在多媒体教室进行教学，利用多媒体教学资源图、文、声并茂的优势，可以在短时间内传播较多的体育知识，使教学过程更直观、形象，增加教学的感染力，提升学生学习的积极性，使学生快速接收信息，提高学习效率。

（3）发挥师生专长

体育教学与现代信息技术的整合，便于体育教师依托先进的教学手段而灵活设计与运用丰富多样的教学组织形式，在丰富的体育教学中发挥体育教师的专长，培养学生的个性，促进教学相长，提升教师教授的效率和学生学习的效率。

3. 丰富体育教学元素

在传统体育教学中，体育教师一般先讲解本次课的主要内容，语言描述动作方法，并进行身体示范，然后学生根据自己的观察与理解来模仿练习，不断重复，直至掌握为止，整个课堂氛围比较沉闷，缺少趣味，而且教学方式和内容都不够丰富，单调乏味，对学生的学习热情和积极主动性造成了影响。而将现代信息技术融入体育教学活动中，将融图片、视频、声音等多媒体教学资源于一体的教学内容呈现给学生，能够使教学内容变得丰富、更加立体，从而易于将学生参与体育学习的乐趣调动起来，培养学生自主学习的好习惯。

4. 突出体育教学重难点

在体育教学课程的组织与实施中，学生的主要任务是掌握体育理论知识和运动技能，将技术动作做规范，做熟练。学生学习运动技术往往过分依赖于教师的示范教学，学生观察教师的示范动作，并不一定能够完全理解与掌握，有时会出现理解错误和动作不规范的问题，这难免会影响学习效果。对此，有必要使用现代信息技术对电子教学课件进行制作与应用，将体育动作以更加直观、形象的方式呈现出来，便于学生对重难点内容的理解与掌握，从而有效优化体育课堂教学，提升教学效果。

5. 变革体育教学方式

实践性是体育教学课程的重要特征之一，这就对体育教师的教学方式和学生的学习方式提出了较高的要求，也就是说体育教学课程的实践性决定了体育教学方式和学习方式的独特性，与其他学科的教学方式、学习方式明显不同。将信息技术融入体育课程教学中，不仅促进了学习内容的丰富，也拓展了学习空间，调动了学生的学习积极性，使学生的学习方式实现从被动到主动的转化。

体育教师运用现代信息技术进行教学，也能启发学生思考，发挥学生的主体作用，培养学生的观察力、思维能力和创新能力，使体育教学效果实现"几何"倍增。

二、公共体育信息化教学环境的全面创设

体育信息化教学环境主要包括硬件环境、软件环境以及潜在环境三个组成部分。

（一）硬件环境的创设

在体育信息化教学中，经常会用到一些基础信息化教学设施，如信息化教学设备、校园网、信息化终端设备等，加强这些基础设施建设有助于顺利开展体育信息化教学。高校领导应提高对体育信息化教学的重视程度，加大体育专项信息化设施建设的投入力度，在学校硬件环境建设规划中纳入体育专项信息化设施建设的内容，对这方面的建设设立专项经费，及时配置信息化教学软件和设备，做好维护管理工作，以增加信息化教学设备的使用年限，延长使用寿命。

（二）软件环境的创设

① 建设信息化平台，促进资源共享，对平台的身份认证、安全机制、权限控制、资源服务、管理权限等功能进行完善，并利用该平台对分散的班级管理进行整合与协调，以便进行整体管理。平台建设多考虑用户的体验，也

就是师生的体验，要不断挖掘丰富的教学资源，完善教学功能，设立教学导航，开通跨库检索，建立资源数据库，整个平台在界面操作上要突出人性化、便捷化，界面要实用、美观，为教师的教和学生的学提供便利，便于师生互动，从而促进信息化教学效果的提高。

② 统一规范标准，整合教学资源。为了将优质的专业服务和丰富的专业资料提供给师生，有必要对体育教学资源进行整合，在资源整合中运用专门的软件可以提高整合效率。因此，教学平台构建者要在体育教学信息化趋势的导向下，从体育教学的需要出发，将高校体育信息网络资源利用起来，对能够在体育教学、运动训练、体育比赛等学校体育活动中发挥重要作用的应用软件进行开发，或适当引进这些软件。在开发系统软件的过程中，常用的信息技术有多媒体技术、数据库技术、Windows API 技术、ADO 技术等。为了提高对信息化技术与应用软件的使用效果，还应加强制度保障。而建立相关制度是一个系统工程，涉及多个领域，可能还需要跨地区来协调与整合体育信息资源，在保障机制的建立中将市场机制融入其中，以促进互利互惠、和谐共享。具体实施过程中，应该对统一规范的组织管理体系进行建立，为促进应用软件是开发和体育资源的共享进一步提供良好的保障。

（三）潜在环境的创设

体育信息化教学环境还包括潜在环境，潜在环境主要由体育教师的信息化教学能力、学生的信息素养、信息化教学经费投入、信息化教学的保障政策等几方面组成。当前我国高校体育教学信息化发展中，还存在体育教师信息化教学能力较低，缺乏信息化专业教学素养高的师资队伍，而且学生的信息素养也参差不齐，信息化学习能力较低，这些都反映出高校体育信息化教学的潜在环境不佳，对体育教学的信息化发展造成了阻碍。

鉴于上述分析，高校要重视对潜在环境的建设，不断优化潜在环境，在政策引导下，从资金、师资、学生等方面出发而构建良好的信息化教学环境。

（1）资金上优化结构，合理分配

在教育现代化发展中，高校教育作为前沿阵地发挥着举足轻重的作用，教育的现代化发展又是以教学信息化为载体的。随着教育现代化理念的普及与渗透，高校对教学信息化建设越来越重视，在这方面不断加大经费投入力度，设立专项经费来提供资金保障，促进教育信息化发展。为了促进高校体育教学的现代化发展，优化信息化教学环境，高校也应该在这方面加大投入力度，设立专项经费，并对体育经费结构予以优化，使体育经费得到最合理的利用。

（2）建设优秀的专业师资队伍

任何行业的发展都需要有一支优秀的队伍，因此要推动行业发展，就必须加强专业队伍建设，这是必不可少的内在动力。体育教学的信息化发展同样需要有一支信息化素养高的体育师资队伍，但当前我国高校体育师资队伍普遍缺乏高度的信息化意识和信息化教学能力，技术水平较低，积极性较差，对此，必须将培养与培训工作重视起来。

三、设计高校公共体育网络教学平台和学生网络自主学习系统

（一）设计网络自主学习平台

1. 体育网络教学平台的优越性

（1）能够体现"主导"与"主体"的作用

一些大学生的自主学习能力普遍不高，采用的学习策略较为单一，学习策略的水平也不高，从而严重制约了自主学习的结果。而构建体育网络教学平台，主要强调学生学习的自主性，要求学生根据自身情况对自己的学习目标予以确定，制订适合自己的学习计划，选择实用的学习方法，并对自己的学习过程进行监控，对学习结果作自我评价。可见，网络教学对学生的学习策略、学习方式非常关注和重视，充分体现了尊重学生的主体地位，引导学生发挥自身的主导作用。在体育网络教学中，教师作为发挥主导作用的重要角色，主要任务是让学生学会学习，对学生的学习能力进行培养。

在传统教学平台中，也就是课堂教学中，教师的主导地位非常明显，主导作用的发挥也是通过显性教学行为体现出来的，而在网络教学平台中，教师虽依然是教学主导者，发挥主导作用，但主导作用则主要体现在一些隐性的教学行为中，比如课下进行教学设计，为学生创设良好的网络学习环境，设置能够引起学生好奇心的问题情境，留出时间与空间让学生自主学习和探究，等等。由此可见，网络教学平台以学生的学习为主，和传统课堂教学有

着根本的不同。

网络教学平台的出现是对传统课堂教学的重大突破和挑战，该平台对学生学习和教师教学的影响主要是通过与传统课堂的对比体现出来的。具体而言，网络教学平台对教师教的影响表现在以下几个方面：

第一，教师扮演的是学习的组织者和帮助者，不再一味机械式地传授知识和给出结论。

第二，教师为学生自主解决问题提供指导和帮助，如指出思路，创造条件，提供机会，给出建议等。

第三，教师能够采用个别指导法指导不同的个体，真正做到因材施教。

第四，教师采用的教学方法主要是培养学生的知识建构能力、信息获取与分析能力、实践能力。

网络教学平台对学生学习的影响表现在以下几个方面：

① 学生有比较强烈的主动学习意向。

② 学生形成了内在学习动机，学习更持久。

③ 学生的学习效率显著提高。

④ 学生能够从学习中产生愉悦感。

⑤ 学生独立学习能力得到提升。

⑥ 学生分析与解决问题的能力明显提高。

⑦ 学生产生了一些具有批判性和创造性的思维。

⑧ 学生倾向于自主探索解决问题的方法，而不是被动接受结论。

总之，体育网络教学平台对教师的教和学生的学都产生了重大的影响，能够充分体现教师不一样的主导性和学生突出的主体性。

（2）能够促进课堂内、外的互补与统一

体育网络教学平台突破了传统的以班级为单位的集体课堂授课的局限，促进了课堂空间的延伸，学生可以对信息设备终端自行操作，通过自主学习体验网络学习环境带来的愉悦感和满足感，使学习过程更顺利，效率更高。体育网络教学无论从时空上还是从教学内容和方法上，都与传统课堂教学互补，相互统一。通过课堂内外的互补，能够更好地拓展教学内容，突出教学重点，提高教学效率，优化教学效果，还能有更多的时间对学生的课外学习进行指导和监督，保证学生的学习效果。

体育网络教学平台实现课堂内与课堂外的互补、统一的优势还体现在为教师的课前准备和学生的课后复习提供了便利。上课前，教师可以利用网络技术设计电子教案，这样既节省了时间，提高了效率，而且也能使体育教师利用这个机会提升自己的信息化教学能力。此外，教师运用多媒体手段保存课堂教学资源，学生在课后可以利用终端设备继续学习与巩固，这能够为学生自主学习提供便利。而且学生课后复习与巩固时，教师也可以在线指导，帮助学生解决问题。在学期末或学年末进行教学总结时，将课堂教学与网络辅导相结合，能够更好地厘清脉络，归纳问题，总结经验，从而向下一个阶段的教学平稳过渡。

构建体育网络教学平台，在促进课堂内与外统一和互补方面还体现在有助于学生的评价，能够更好地监控学生的学习过程，并根据学生的学习结果对课堂教学策略进行调整与优化。当完成某一教学任务后，可以利用网络的反馈技术来了解学生的学习情况、教师的教学效果以及教学目标的达成程度等，而课堂教学中存在的问题则能够通过学生在线交互情况、在线测验结果等方式体现出来，从而为教师改进课堂教学策略和模式提供真实可靠的信息。

（3）能够节约与高效利用教育资源

传统体育教学中存在教学场地设施不足、专业师资不足、班级学生多而难以个别指导等问题，这显然对体育教学的顺利实施造成了不利影响，制约了最终的教学效果。而构建体育网络教学平台能够解决传统教学中的一些问题，如促进教学器材设备利用率的提升，一定程度上解决了随意占用资源的问题；学生在网络教学平台上可以随时学习，能够解决传统教学中课堂教学时间短，教师不方便个别指导的问题。通过网络教学，还能促进教学资源共享，解决教学资源不足的问题。总之，体育网络教学平台与传统课堂教学相比具有自身独特的优越性，具有传统课堂教学不可比拟的优势。构建体育网络教学平台，能够使学生通过随时自主学习掌握体育知识与技术动作，最终促进学生体育综合素养的提升。

2. 体育网络教学平台的设计原则

网络教学有其自身的特征，有不同于传统教学的独特性，因此进行网络教学设计自然与传统教学设计有区别。在体育网络教学平台设计中，体育教师应遵循教育学原理和心理学原理，并依据传播理论进行创新设计，具体在设计中要贯彻以下几条重要原则。

（1）自主性原则

体育网络课程学习活动是在师生分离的情况下实施的，学生作为网络课程学习的主体，主要学习形式是利用网络资源自学。所以要重视学生的主体地位和作用，体现学生学习的个性化特点，尊重学生自主学习的权利，发挥学生的能动精神。为提高学生自主学习能力，可为其提供灵活多样的检索方式、设计供学生随堂使用的电子笔记本、让学生构建作品和进行自我评价等。

（2）交互性原则

在体育网络教学中，师生不会面对面互动，师生处于分离状态，在此前提下进行网络教学。为了方便师生交流，使师生互动的效果不亚于面对面互动，在网络课程教学设计中要将网络技术的功能和优势充分利用起来，对虚拟教学环境进行创设，营造良好的网络教学氛围，为师生进行线上交流和讨论问题提供良好的条件。

（3）开放性原则

随着现代信息科技的迅猛发展，尤其是信息存储技术、传输技术的发展与渗透，使得人人都能遨游于知识的海洋中，每个人身边都有巨大的知识库。这充分体现了网络资源的开放性。利用网络的开放性进行体育网络教学平台设计，为学生提供丰富的学习资料，从多个角度描述与解释学习内容，从而提高学生的拓展思维能力和分析能力。

（4）多媒体化原则

不同的学生因为个人学习习惯的不同，在获取信息的渠道方面也有所差异，有的学生喜欢通过听来获取自己需要的信息，我们将其称为听觉性的学生；有的学生喜欢通过观看图像、文字来获取和保留信息，我们称其为视觉性学习者；等等。随着现代网络课程中计算机技术的深入渗透，使网络课程中的学习内容具有图、文、声、像并茂的特征，这对提高知识信息的传播效率和效果具有重要意义。

在体育网络教学平台设计中，应该从学生的学习习惯、学习风格出发，以学习内容为中心，将知识信息以丰富的形式呈现与传播，使现代教学媒体的优势得到充分发挥，促进学生学习效率的提升和学习效果的改善。

3. 体育网络教学平台设计的注意事项

在体育网络教学平台设计中为保证设计的科学性和实用性，要对以下几方面的问题加以注意。

（1）注重教育理论的科学指导

传统体育课程教学中，师生面对面互动，教师可以根据实际情况而实时调整教学过程。而体育网络课程教学中，师生分离，教师难以根据学生的学习情况而第一时间调整教学活动。为了弥补体育网络课程教学的这一不足，防止不断出现意外情况，在网络课程教学设计中要坚持现代教育理论的科学指导，使课程设计与学生的特征、需要高度符合。

在体育网络教学平台设计中，建构主义学习理论、认知主义学习理论、行为主义学习理论等都是非常值得参照的现代教育理论，这些理论的不断发展与成熟对体育网络教学平台设计与实践起到了重要作用，除了参考这些教育理论外，在教学设计中引进心理学领域的新观念也是非常必要的，这对完善体育教学设计具有重要意义。

（2）按照网络的特点进行设计

随着现代远程教育的不断发展，网络课程作为一种新的课程形式在高校教育中渐渐得到普及与推广。网络课程的特点是以网络为教学媒体，教学活动中以呈现学习内容为主。

有学者指出，任何学科的教学过程的结构要素都可以概括为 6 个方面，分别是教学目标、教学内容、教学媒体、教学方法、社会文化的先决条件（多指社会意识形态、政策、环境等）以及个体的先决条件（多指学生的个人情况）等。不管是传统课程还是网络课程，在教学过程中涉及的内在结构要素不外乎就是这几个方面，但传统课程与网络课程毕竟是两种不同的课程形式，它们的结构因素也存在本质上的区别，课程设计者着手体育网络教学平台设计时，必须按照网络的特征去设计，发挥网络的优势，体现各个结构要素的网络化特征。

（3）清楚学习者的特点和需要

体育网络课程教学在培养学生综合素养方面具有重要作用。在网络课程教学中，学生作为学习主体利用网络资源进行自主学习，这是主要学习方式。认知心理学理论指出，简单地从外界接收知识并不意味着就获得了知识，面对复杂的外界知识时，学生若能够自主选择信息，主动理解信息，才能实现意义学习，才能真正获得知识。学生的认知结构是其进行意义学习的基础，学生先获得的知识会影响其之后对其他外界知识的学习与获得。从这一原理来看，在体育网络教学平台设计中，教师对学生学习特征、学习需要进行分析非常必要。

体育教师必须基于对学习者特征与需要的了解来设计网络教学平台，网络课程的教学起点应该放在学习者原有的知识水平和认知结构上，在此基础上考虑网络知识结构与学生认知结构是否协调、适应，从而保证学生更好地接收与理解新知识，完善原有的认知结构，并在获得新知识的同时建立新的认知结构。

总之，在体育网络教学平台设计中，必须从学生的学习特征、学习需要出发对课程内容、学习活动、学习评价方式进行设计与确定，从而更好地保证学生通过自主学习而顺利达到学习目标。

（4）加强多方合作

体育网络课程的教学过程主要包括设计和开发学习资源、学习支持这两个阶段。其中设计与开发学习资源需要多方合作才能实现。在这一阶段，设计者要先全面了解学生的学习特点、学习需要，然后科学合理地设计学习内容，并邀请经验丰富的优秀体育教师筛选学习内容。在现有网络环境下，教师设计的网络课程能否顺利实施，选择的媒体能否充分发挥预期作用，课程开发的成本是否在预算范围内，等等，这些都需要相关专家的参与才能达到令人满意的效果。可见，在体育网络教学平台设计中必须重视多方合作，发挥有关领域专业人士的积极作用。

（二）设计学生网络自主学习系统

1. 基于网络的自主学习

在网络技术支持下形成的网络教学时空环境中包含了课程、资源、教师、学生等教学要素，这些要素是通过技术平台和交互平台被集成到一起的。网络教学时空环境具有明显的开放性、交互性、灵活性以及共享性，基于网络环境的自主学习对培养学习者的综合能力及提升学习者的学习效率具有重要意义。

基于网络的自主学习是指学习者利用计算机和网络提供的学习支持服务

系统，主动选择学习内容，制订学习计划，自由安排学习时间、地点，从而自我获取知识，实现有意义知识建构的一种学习方式①。它与传统意义的自主学习有明显的区别。传统的自主学习以课堂学习为主，强调学习者能动性的发挥和学习中的自我调整，以学习者、学习资源、学习方法、教师为主要因素。基于网络的自主学习则以学习者、网络学习资源、网络学习环境、教师等因素为主，可见网络环境下的自主学习其支持服务系统的辐射范围更宽泛。

传统教学中教学内容的线性结构通过网络资源组织技术的加工而发生了显而易见的转变，该技术具有超媒体、超文本等特征，以超媒体节点、超文本节点为链接的知识微结构逐渐取代了传统固定的线性知识结构，这体现了传统自主学习在组织形式上的重大变化，在新的组织形式下，学习者不再被传统知识结构牢牢束缚，而能根据自己的需要重新组织知识内容，形成新的结构，这对培养学习者的思维能力、学习能力都有重要影响。

2. 网络自主学习系统的基本结构

（1）网络自主学习系统的自适应性

自适应性是网络自主学习系统的重要特征与功能之一，不同个体的自主学习存在一定的差异，包括因人而异、因时而异等，自适应性指的就是针对这种差异而提供与个体特征相符的学习支持。

从本质上来看，自适应学习就是个别化学习。网络自主学习系统具有自适应功能，该系统要满足下列准则才能充分发挥与实现这一功能。

① 具有超文本性、超媒体性。

② 有稳定的用户模型，使用该用户模型向超媒体系统提供自适应性。

（2）网络自主学习系统的技术与结构

① 技术

从网络自主学习系统的自适应性功能来看，其具有下列两个非常重要的技术。

自适应技术：基于网络的自主学习系统的自适应性一方面表现在结构上，另一方面表现在内容上，这两个方面的自适应表现各自对应一种自适应技术，结构方面对应的自适应技术是自适应导航；而内容方面对应的自适应技术则

---

① 蒋立兵，易名农. 现代体育教育技术［M］. 武汉：中国地质大学出版社，2012.

是自适应展示。

用户模型：用户模型也是网络自主学习系统的技术内容之一，它指的是一种能够将系统用户个人特征充分体现出来的技术模块，具体包括教师模型和学生模型两种。

② 结构

网络自主学习系统的组件主要有以下 3 个。

领域模型：这一模块包含与学习内容有关的所有信息。

学生模型：学习者的信息主要存储于这一模块，该模块将学生的信息数据提供给教学模型。

教学模型：该模块以上一模块提供的信息和学生的不同需要为依据而对学生后面的学习活动作出决策。

综合上述分析，网络自主学习系统的结构模型如图 8-1 所示。

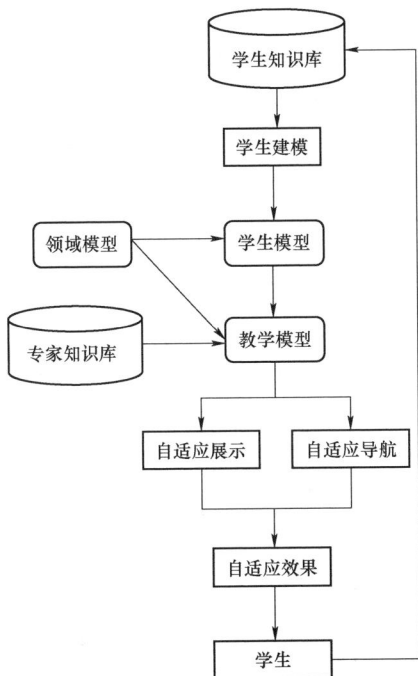

图 8-1　网络自主学习系统的结构[①]

---

① 阿英嘎. 信息技术与体育教育专业课程整合 [M]. 南京：南京师范大学出版社，2010.

3. 学生网络自主学习系统的设计思路

在体育教学中，教师和学生比较熟悉的教学过程是课堂教学、学生练习、测试评价。这里以师生都熟悉的教学过程为基础来设计简单实用的自主学习系统，要保证学习系统的简易性、实用性，就要尽可能从基础的、普遍的设计软件来着手设计，将现有成果充分利用起来，不过分追求美观的页面和多元的网络技术，而以促进学生学习效果的提升作为重点。之所以保持这样的设计理念，是为了进一步促进信息技术与体育课程的整合，为此探索一条易掌握、易实现的途径。

设计网络自主学习系统，在选择呈现学习内容的方式时，对电子文本的教案或教学课件可以不予采用，因为这类课件与教案往往是教师根据自己的理解、经验设计的，是从教师的思路和视角出发制作的，虽然教师在设计时也是以教学目标、教学内容为依据的，但也不乏主观主义色彩，这样在学生自主学习中不免会出现教师"先入为主"的问题，从而与"以教为主"的教学系统无异。

在学生网络自主学习系统的设计中，需要从体育教学大纲、体育教材的主要知识点出发进行文本导航栏的设计与编制，从而便于学生根据自身需要选择适合自己的学习方法，围绕主要学习内容而完成知识的意义建构，以顺利实现学习目标。

学生网络自主学习系统的功能模块及模块之间的逻辑关系如图8-2所示。自主学习系统应包含两个入口，即教师入口和学生入口。

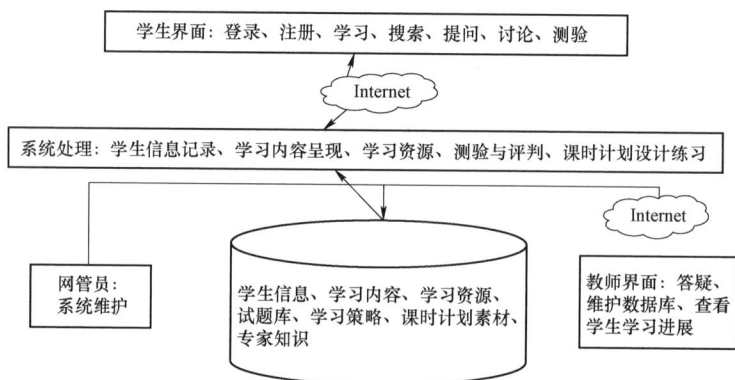

图 8-2　网络自主学习系统功能模块的逻辑关系[①]

① 阿英嘎. 信息技术与体育教育专业课程整合 [M]. 南京：南京师范大学出版社，2010.

4. 学生网络自主学习系统界面的设计

学生对体育课程内容的兴趣是其开始自主学习和持续自主学习的内在动力。学生基于网络进行自主学习，学习系统的页面往往会使学生产生第一印象和即兴看法。另外，学生使用该系统进行自主学习是否顺利、学习效果是否满意，主要受系统交互界面友好程度的直接影响，因为它是用户与计算机交换信息的重要通道。

一般来说，应按照简洁实用的原则来设计自主学习系统的界面，不重要的元素尽量不要出现在系统界面中，否则会分散学生的注意力，导致学生本该集中在学习内容上的注意力分散到其他地方。

下面具体从三个方面分析体育信息化教学中对学生网络自主学习系统界面的设计与制作。

（1）导航栏

在自主学习系统设计中，导航的作用是举足轻重的，建议系统设计中用直观形象的树状结构来设计导航栏，学习内容的章标题以超文本形式呈现出来，用户点击每章标题时，这章内容包含的节标题就会展开，这样学生对教材内容的目录结构一目了然，直接选择要学习的内容。被选中的章节文字颜色会发生变化，以与其他章节相区别。

为便于用户与系统的对话，建议采用多级菜单方式，这是比较基础的方式，用户即使对学习系统不熟悉，也能自主操作。

（2）学习内容呈现

用户点击某一节点时，便会出现该节点的下级节点，而且选用章节的页面内容也会出现在对应的框架中，以这样的方式呈现学习内容可以避免学生逐个点击页面寻找自己需要的内容，防止学生"迷航"和浪费时间。要为自主学习系统赋予这样的功能，就要采用嵌入式框架来展现导航栏中相应章节的内容，具体可采用 FrontPage 来实现。

（3）多框架页面

在自主学习系统设计中，可以将页面分为若干相对独立的屏面，使系统具有动态化的多屏性能。学生点击页面上的不同屏面，可以动态浏览结构化学习内容，还可以对页面大小进行自主调整，如将多个页面缩小，对不同页面的学习内容同时进行浏览。要在一个窗口来滚动显示大文件，就需要利用窗口技术来实现，这对人机交互能力的提高大有裨益。

第二节　课程思政理念下高校公共体育教育的改革发展

一、课程思政与体育课程思政

（一）课程思政的概念

课程思政是指以构建全员、全程、全课程育人格局的形式将各类课程与思想政治理论课相结合，形成协同效应，把"立德树人"作为教育的根本任务的一种综合教育理念。"课程思政"的价值在于将各类课程中所含有的思政元素充分挖掘出来，将其嵌入课程教学中，以潜移默化的方式融入教学过程的各个环节中，从而使非思政课程的育人价值得以强化和实现，最终在传递知识的同时达到育人的功效和目的。

（二）课程思政的内涵

课程思政具有丰富的内涵，下面主要从课程思政的本质、理念、结构、思维及方法 5 个方面解析课程思政的内涵。

1. 本质：立德树人

从本质上而言，课程思政是一种教育，教育的目标是立德树人。育德是育人的基础和前提，我国教育发展史上一直强调育德的重要性，主张育人、育才要有机统一，这是我国优良的教育传统。育人先育德，育德就是要进行思想政治教育，培养德才兼备的人才，为国家输送道德品质好、专业素养高的全面型人才。在思想政治教育中，要以德"立身""立学"和"施教"，引导学生形成正确的世界观、人生观和价值观，树立科学的民族观、文化观、历史观，从而对民族传统文化进行传承，并不断创新。总之，通过思想政治教育，要培养德智体美劳全面发展的综合型人才，这才是社会发展所需的人才，是中华民族伟大复兴所需要的建设者和接班人。

2. 理念：协同育人

我国提出课程思政的育人观，主要就是倡导各学科专业课程的教学与思政教育并行，二者同向同行，共同培育全面发展的人才，这充分体现了课程思政的协同育人理念。协同育人是学校教育的重要使命，也是我国教育方针的具体体现。一所学校的教育水平如何，主要通过该学校培育人才、输送人才的数量和质量来衡量，而且所输送的人才应能够成为国家的合格建设者和可靠接班人，能够为实现中国梦作出贡献。可见，学校教育是服务国家和民族的教育，高等教育尤其如此。高等教育直接为国家输送优秀人才，培养的人才对国家建设越有利，高校在教育界就越有话语权。

3. 结构：立体多元

课程思政是一种多元统一的教育理念，这里的多元包括传授知识、塑造价值和培养能力，将三者有机统一，便形成了结构上立体多元的课程思政。传统教育的结构以传授知识和培养能力为主，相对单一，课程思政的教育结构却是多元的，这是教育结构不断变化和日益完善的表现。传统课程教学中，虽然也强调传授知识、培养能力以及塑造价值，但在课程实施过程中往往将三者割裂开来，不利于培养全面发展的人才。而课程思政实现了三者的统一，使课程教学回归育人本质。

课程思政要求教师在教学过程中尽可能从学生日常生活出发寻找具有实质性的介入方式，只有介入学生日常生活，才能真正了解他们的需求，了解他们遇到的问题与困惑，可以是学习中的问题，也可以是生活中的问题，在融入思政教育的课程教学中有针对性地帮助学生解决问题，使学生将所学知识、技能运用到生活中解决问题，并将在教学中塑造的价值运用于社会交往中，充分发挥学习收获的积极作用，这样学生才能够真正领会知识的力量，领会思想政治教育的价值。

4. 思维：科学创新

当前，我国正处于社会转型的关键时期，处于文化大繁荣、多元文化交织的时代，在这一时代背景下，创新思维和科学思维缺一不可。在新时代，培养大学生的思想政治素质非常重要，通过培养，要使大学生形成正确的立场，树立正确的观念，以科学的方法分析和解决问题，在学习中善于观察、思考，善于在实践中学习和领悟，对时代的发展方向要有正确的把握，对社会的主流和支流、现象和本质要能够正确辨析，要形成多元思维，包括系统思维、科学思维、历史思维和创新思维。

课程思政将科学思维展现得淋漓尽致，课程思政中体现的科学思维与唯心主义、机械唯物主义相对立，是一种用历史唯物主义和辩证唯物主义的方式看待事物的思维。当前，国际社会上出现众多社会意识形态，这些意识形态在社会不同领域风云变幻，多种社会思潮观念并存且交锋激烈，在这一背景下，我国教育界需要科学思维才能顶住压力，需要加强思政教育才能抵住侵蚀，可见将思政教育融入不同学科课程中非常必要。只有加强思政教育，树立科学思维，才能将牢固的思想防线树立起来，使学生面对各种错误思潮时能够自觉抵制。

课程思政不仅体现了科学思维，还体现了创新思维，强调将思政教育融入除思政理论课以外的其他学科课程中，如果像传统思政教育一样单靠思政理论课教育培养学生的思政素养，显得孤掌难鸣，力量比较单薄。而如果能够在思政理论课之外的其他课程中融入思政教育，在课程思政的实施中树立创新思维，谋求新的出路与发展，创造新的方法与空间，那么思政教育将得到创新发展，思政育人目标也将在更高层次实现。与此同时，在其他学科课程教学中融入思政教育也体现了学科课程的创新，对提高学科课程的实施效果和教学质量也具有重要创新意义。

5. 方法：显隐结合

在人才培养中，要先回答三个根本问题，一是培养什么样的人，二是怎样培养，三是为谁培养。只有明确了这三个问题的答案，才能在坚持社会主义办学方向的基础上明确人才培养方向，提高人才培养质量。人才培养是一个复杂的工程，其中涉及诸多培养体系，包括教材体系、教学体系、管理体系等，而无论是哪个体系，思想政治工作体系都始终贯通其中。可见，在人才培养的蓝图中，思想政治工作必不可少。课程思政的提出也恰好反映了这一点，在人才培养中践行课程思政，围绕思想政治教育对人才培养的目标、内容、模式、方法等进行改革，在各类培养人才的课程的实施中，将与政治认同、国家意识、文化自信等思政元素融入知识传授、技能培养中，将知识、技能的显性教育与思想政治隐性教育有机统一，能够培养全面型人才，促进学生全面发展。

（三）体育课程思政的内涵

体育课程思政指的是以体育课程为载体，将思政教育元素融入课程教学中，构建融体育知识传递、体育能力培养和思政教育于一体的体育教育实践活动。体育课程思政要求在体育教学的全过程中都贯穿思政教育，在向学生传播体育知识、培养学生运动能力的同时引导学生树立正确的世界观、人生观和价值观，潜移默化地立德树人，对思政价值观的引领作用予以强调，在教学过程中渗透社会主义核心价值观，达到体育教育和思政教育的双重效果，实现促进学生全方位发展和提升的目标。

体育课程思政在发挥思政教育价值方面主要是通过显性教育和隐性教育两种方式实现的，其中显性教育作为主要教育方式发挥了巨大的作用，隐性教育作为辅助方式也发挥了一定的作用，这两种教育方式相辅相成，都是不可或缺的。在体育课程思政的显性教育中，体育教学作为主要载体形式，以比较简单、直接的手段对学生进行思政教育，对学生正确的社会主义核心价值观进行培养。

体育教学的任务不仅是将体育知识与技能传授给学生，培养学生的终身体育锻炼习惯，促进学生体质的增强，而且还要对学生的意志品质、思想道德品质、体育精神进行培养，促进学生人格的健全和各方面素质的全面发展。将体育课程与思政课程融于一体的体育思政课程既有体育教育的内容，也有思政教育的内容，结合两方面的优势教学内容构建体育思政育人体系，有利于促进高校体育教学过程的创新，包括教学内容、教学方法与模式、教学评价等多方面的创新，从而进一步深化体育教学改革，提升高校体育课程质量。

（四）体育课程思政的特点

1. 育人和健体相结合

大学生处于人生的重要时期，高校要特别重视对学生的栽培与引导，在开展教学和培养人才时要紧紧围绕立德树人的根本任务而展开。近年来，随着国外各种文化的不断涌入，一些大学生的价值判断力明显下降，尤其是受到西方价值观的影响，导致部分大学生对社会主义思想缺乏高度的认同，这对我国社会主义核心价值观建设造成了严重的阻碍。对此，高校要紧紧围绕立德树人的根本任务对大学生进行思想政治教育，培养全面发展的人才。

增强学生体质，培养学生良好的锻炼习惯，这是体育课程的基本任务。体育课程思政除了要完成体育课程的基本任务外，还要完成立德树人的任务，在培养学生健康体质、提升学生体育理论知识素养和实践技能水平的基础上，将核心价值观教育融入体育课中，引导学生形成正确的世界观、人生观和价值观，达到全面育人的良好效果。

2. 思政元素丰富多样

随着体育事业的不断发展和各项体育运动的改革创新，体育运动的育人功能越来越突出，其中所蕴含的思政元素在体育全面育人中发挥了重要的作用。体育项目本身丰富多样，各类项目包含的思政元素各有特色，如武术中蕴含着深厚的武德文化和家国情怀；集体球类运动中富含团队精神、合作精神和集体主义价值观等思政元素；等等。在体育课程中充分挖掘思政元素，将专业教学内容与思政元素巧妙结合起来，能够培养大学生的优秀品质，使大学生得以全面发展，成为中国特色社会主义建设的中坚力量。

3. 内部统一性

人体身体素质，如力量、速度、耐力、灵敏、协同、柔韧等，能够在体育运动中得到充分展现。这些身体素质共同构成了人体运动素质，它们是有机统一的。体育运动本身就是一个有机统一体，它是外部的、显性的，相对而言，课程思政是内部的、隐性的，体育运动与课程思政好似矛盾体，但其实二者之间有千丝万缕的联系，二者的相互连接与促进主要体现在同一性上。课程思政中蕴含着强大的精神力量、先进的社会意识和重要的社会主义核心价值观，在体育课程中注入这些元素，更加有助于促进体育教学、体育训练和体育比赛的深层次发展，同时也能够使课程思政建设更加丰富、具体和清晰。可见，体育课程思政是一个有机整体，在具体实施中体育和思政不可分割。

（五）体育课程思政建设的时代意义

1. 落实立德树人的重要举措

学校教育的根本任务是培养人才，学校的根本使命是立德树人。课程思政的提出要求学校在育人方面不仅要传授知识和技能，促进学生文化素养和实践能力的提升，还应该注重对学生内在价值体系和思想观念的培养，促进学生思想观念意识的提升，引导学生形成正确的世界观、人生观和价值观。青少年学生思想活跃，个性鲜明，面对这样的教育对象，应注重实施思政教育，并将思政教育融入专业课教学中，包括体育课。落实体育课程思政不仅能够培养专门的体育人才，还能通过思想引领和价值塑造提升学生的内在修养，将"育体""育德"结合起来。

体育课程思政的提出贯彻了全国高校思政工作会议精神，破解了体育育人的"单向度"困境，是全面贯彻教育方针、深入落实教育强国和体育强国发展战略、实施素质教育的重要组成部分。素质教育理念强调培养人才的基本素质，促进培养对象个性的发展与健全，实现全面发展。因为社会阅历比较缺乏，学生价值观、人生观和世界观还不够稳定，而且也有可能偏离正确方向。再加上社会上各种思潮激流勇进，学生难免会被负面思想和言论侵蚀。因此，将思想政治教育融入学生喜爱的体育课程教学中既能培养学生的身心健康素质，又能提升学生的思想政治素质，并健全其人格，从而真正满足素质教育的要求。总之，体育课程思政强调体育多元价值的充分发挥，有助于实现新时代立德树人的根本任务。

2. 建设体育强国的重要路径

世界各国的竞争主要是综合国力的竞争，而综合国力的较量又以人才的竞争为根本。在中华民族伟大复兴、中国特色社会主义现代化建设的进程中，人才战略作为国家发展的战略根基必不可少。只有落实人才战略，我国才能迈向新征程，体育强国梦才能实现。

新时代我国体育事业发展的最高战略目标就是实现体育强国，建设体育强国离不开专业人才支撑，因而培养高素质的体育人才队伍势在必行。这就要求对体育课程思政的独特育人价值加以挖掘，使其得以充分发挥，通过体育课程思政建设与教学实施，培养身心健康、德才兼备的全面型体育人才，为体育强国战略实施提供重要的人力资源和基础保障，使体育人才在参与体育强国建设的过程中实现个人价值。

3. 提升育人质量的重要手段

学校教育肩负着为国家培养优秀人才、立德树人的伟大使命。体育课程作为学校教育的一部分，要通过课程建设与教学实施去贯彻育人方针，完成育人使命。课程思政、全面育人等理念的提出体现了国家在教育方面教育方针的变化与教育结构的完善。为贯彻国家教育体制改革的方向和国家教育方针的发展变化，要求在体育课程教学中将思政教育融入进去，将价值观培养、人生观引导、世界观塑造等融入体育知识传授与技能训练中，并借此培养学生的拼搏精神和顽强意志。体育课程思政是健康教育、思政教育和综合素质教育的统一体，是学校培养全面发展人才的重要举措，是提高人才培养质量的重要突破口，能够开创我国体育教育事业发展的新局面。

二、高校公共体育课程思政指导思想

全面推进高校课程思政教育是深入贯彻落实习近平总书记关于教育的重要论述和全国教育大会精神的重要举措，也是落实教育部《关于加快建设高水平本科教育全面提高人才培养能力的意见》和《高等学校课程思政建设指导纲要》精神、坚持社会主义办学方向、落实"立德树人"根本任务的重要途径。深化学校体育思政教学改革，引导体育教师将思政教育融入体育课程教学，充分发掘和运用体育学科蕴含的思政教育资源，构建体育课程思政内容体系，建设体现思政教育的体育课程，将"立德树人"的教育责任融合在每一节体育课教学中，发挥价值引领、能力达成、知识传授作用，实现体育课程的育人功能。

体育教师是课堂教学活动的主体，教师通过对体育课程思政教学情况进行自我评价，有利于调动体育教师评价的积极性，加深对自我的了解，促使体育教师在自评过程中找出差距。同时，促进体育教师改善体育课程思政教学内容，改革体育课程思政教学手段和方法，提高体育教学水平。

三、课程思政理念下高校公共体育教育改革策略

（一）更新教育理念，注重德育

教育理念是开展教学活动的依据，能够体现教学实践的风格和特点。在课程思政视角下进行体育教学改革创新，首先应该更新教育理念，注重德育。在建立教学理念的过程中要充分肯定"课程思政"的重要性，将课程思政融

入学生培养方案之中，从教学目标、课程设置、教学方法、考核评价等各个环节，加大从行政到教学、从教师到学生、从活动到课堂等各个方面对课程思政的重视程度。课程思政的目标是对学生进行思想政治教育，培养学生的高尚品格，健全学生的人格，因此要在新的教育理念中突出"德育"的重要性，让教师认识到自己"教书育人"的根本任务。高校要响应国家的号召，根据党和国家关于课程思政的要求，积极更新教育理念，重视道育，发挥高校为国家培养全面发展的优秀人才的作用。

（二）立足学生，全面参与

立德树人是课程思政建设的主要目标，具体就是要促进学生思想道德水平的提升和实现全方位协调发展。不同学生因为成长环境、个性特征等的不同，他们的思想意识是有差异的，对价值认同、道德评价标准也有着不同的认识与理解。为提高学生的思想意识水平，促进学生正确理解道德评价标准，以高标准严格要求自己的道德行为规范，树立正确的价值观，在高校体育教学中融入课程思政理念，要立足实际培养大学生的体育专业素养，首先培养大学生对体育运动的兴趣，普及体育基础理论知识，使大学生进一步了解体育运动，然后通过深入教学，促进大学生体育认知水平、文化基础水平和技能水平的提升。同时，要举办丰富多彩的体育文化活动，将体育文化内涵渗透其中，培养大学生的体育精神，并使其深入了解体育文化内涵与思政教育的融合点，对体育课程中的思想政治元素主动进行探索，自觉在体育知识与技能的学习中接受思政教育，提高思想政治意识。

（三）改革教学模式，创新教学方法

在课程思政视角下进行体育教学改革，需要转变传统的教学模式，改变传统的教学方式。从教学模式上说，传统的体育课程注重对学生运动技能的培养，但是几乎不存在对学生思想政治的教育，而课程思政要求将思想政治教育融入各个专业课的课堂，在专业课内容中发掘课程思政的教学资源，有针对性地将思政教育的内容融入专业课程教育之中。在这种要求之下，教师需要转变传统的教学模式，在对学生的运动技能教学中加入思政教育的内容，实现两者的有机结合。从教学方法上来说，思政教育进入专业课程的课堂对教师来说将会是一个全新的挑战，教师需要认真钻研教学方法，采用丰富的教学形式，巧妙地将两者结合，激发学生的学习兴趣，使学生在体育课堂上不仅能获得运动技能，还能接受思想和价值观念的正确引导，提升自身的思想觉悟。

（四）提升教师综合素质，增强德育能力

教师是进行课程思政中非常重要的一个环节，教师自身的思想道德素质和教师实行课程思政教学的能力，都会影响教学效果，关系到教学思政的教学目标能否实现。因此，在推行教学思政的过程中一定要非常关注教师这一环节，注重提升教师的综合素质，增强教师的德育能力。

首先，教师对学生起到榜样的作用，教师自身的言行举止都会在潜移默化中对学生产生影响，所以教师一定要注意提高自己的思政水平，提升自身的人格魅力，使学生形成对教师的敬佩感和信服感。高校要加强师德、师风建设，提倡教师在课余时间参加思政教育，也可以组织相关的活动和培训课程，将教师集中起来进行学习培训。

其次，教师要提高思想觉悟，认识到对学生进行思政教育是一项艰巨但是光荣的使命，主动承担起德育的责任，引导学生树立正确的思想和价值观念。教师要积极探索推进思政教育进入课堂的有效办法，不断创新教学方法和教学模式，创建思政教育和体育教学的有机结合，不断提高自己的教学水平和教学质量。

（五）建立体育课程思政评价机制

体育教学评价中，传统的评价机制常常受到惯性逻辑思维的限制，导致评价方式单一，而在课程思政视域下，要对学生的体育学习成果进行多维度评价，包括知识、技能、道德品质等多方面的评价，从而判断体育课程的全面育人效果。此外，对体育教师的评价也要改革升级，这就有必要建设体育课程思政评价机制。

第一，建立科学的学生评价机制，除了评价学生的体育知识素养、运动技能水平外，还要对其思想品质、社会意识、集体主义精神等素养进行综合评价和考量。

第二，建立科学的教师评价机制，除了评价体育教师对体育知识、运动技能的传授能力外，还要评价其思政教育能力、将思政元素融入教学过程的课程设计能力以及全方位育人能力。

第三，建立健全师生综合评价机制，在内容方面体现责任、修养、情感、适应度等，真正实现从知识、技能向人文核心素养的延伸，最后内化为师生的一种综合素质。

第三节　终身体育视角下高校公共体育教育的改革发展

一、"终身体育"的概念与内涵

我国政府历来都非常重视民生的发展。2017 年，在党的十九大报告中特别指出，我国今后的发展要十分关注民生，要全面促进社会大众的健康发展。然而，要实现全体国民的健康发展，推行终身教育是关键。在这样的社会发展背景下，终身体育上升到一个重要的战略地位。在高校体育教育的语境内，我们的体育教学需要尽快加强实施终身体育教学理念，促进学生们的形成终身体育的观念，这是符合时代发展要求的重要体现，具有一定的先进性。

伴随着社会的发展和进步，科学技术在带给人们便利的同时也带来了一些"社会文明病"，如今人们的身体健康状况也逐渐成为社会广泛关注的重点议题。"全民健康"已经上升到国家发展战略的高度，体育运动作为一种健康的生活方式而得到更多的重视。尤其是作为国家未来接班人的高校学生，他们被寄予了厚望，高校学生要想健康成长，成长为对国家和社会有益的人，首要的就是保证自身有一个良好的身体条件。

如今，"终身体育"教育理念逐渐成为高校体育教学的核心指导思想，是指导高校体育教学的重要的价值观。终身体育是符合我国当前社会发展需要的体育教学思想，是与时俱进的体现。

我们可以从以下几个方面去理解终身体育。

第一，从思想上面说，是指一个人在正确认识和了解体育锻炼之后，在自己的内在需要和体育锻炼的价值的驱动之下，自觉参与到体育锻炼之中，并逐渐形成终身体育的思想。

第二，从行为上面说，是指人们在整个生命过程中长期进行体育锻炼的行为，即在终身体育思想的引导下，克服人生各个阶段的阻碍因素，坚持进行体育锻炼。

第三，从时间的角度上说，终身体育是一项终身性的事业，贯穿人生的各个阶段。

第四，从运动项目上来说，人们可以根据自己的兴趣爱好自由选择运动项目。

第五，从参与人员来说，其对象可以是各个年龄阶段的人群。

第六，从教育角度上说，能够有效增强人们的体质，促进人的心理素质发展。

二、"终身体育"教育理念实施的原则

（一）自觉性原则

1. 提出依据

① 终身性体育锻炼不是一个阶段性的活动，而是贯穿于人的一生。它不存在任何的强迫性、纪律性，完全依靠锻炼者的自觉。锻炼者必须要在自己的兴趣、爱好、自身需求等内在因素的驱动下，自发地参加到运动锻炼中去。

② 终身体育的实施受到锻炼者惰性和体力的影响。

首先，运动锻炼需要体力的支持，锻炼者在锻炼的过程中需要付出一定的体力；其次，运动锻炼需要承受一定的运动负荷，并且要不断突破身体已经适应的负荷，走出身体的"舒适区"；最后，运动锻炼还会受到气候、运动场地等因素的影响，比如严寒天气等。锻炼者只有拥有锻炼的自觉性，才能坚持参加长期的体育锻炼。

③ 人们在各个阶段的认识与体能素质都是不同的，因此这就需要人们持续学习体育知识，发展新的体育方法和技能，利用科学的理论和方法指导每一个阶段的体育锻炼，满足自身的各种体育需求，持续从体育锻炼中获益。而如果缺乏体育锻炼的自觉性，也就无法积极主动地去获取体育锻炼知识，

也不能自觉地参与体育锻炼。

2. 贯彻要求

（1）明确体育锻炼的目的

人们要想更好地参加体育运动锻炼，首先就要明确锻炼的目的。这样有助于坚定人们的锻炼信念，能够使人们感受达成目的喜悦和成就感，为人们展开下一阶段的锻炼提供充足的动力。因此，在终身体育的实施过程中，首先要做的就是明确锻炼的目的，朝着这一目标努力锻炼。

在确定体育锻炼的目的时，不能盲目，要依据自身的性别、年龄、身体素质、发展需要等确定合理的锻炼目标，才能取得良好的锻炼效果。比如超重的人群可以将减肥减脂作为运动锻炼的目的；一些受伤的病患可以制定相应的康复目标等。只有目标清晰了，体育锻炼才有意义。

需要注意的是，不同人群的强身健体目的是不同的。以不同年龄阶段的人群为例，青少年的强身健体目的主要体现在促进青少年的生长发育、为青少年的学习和生活提供充沛的精力；中年人强身健体的目的体现在，为人生关键时期的奋斗提供充足的体力，保持中年时期的身体健康；老年人强身健体的目的在于，保持身体的健康，延缓衰老的到来，提升自身的活力。

（2）培养体育锻炼的兴趣和习惯

终身体育的贯彻与实施，首先要明确健身者锻炼的主要目的，建立长期锻炼的信念，其次要培养浓厚的体育锻炼的兴趣，只有热爱运动锻炼，对体育锻炼抱有兴趣和热情，才能取得理想的锻炼效果。

要想取得理想的体育锻炼效果，培养体育锻炼兴趣是一个非常重要的前提。比如青少年可以能会对具有游戏性质的体育运动，比如丢沙包、跳皮筋等产生兴趣；中年人可能会对更加实用、普遍的运动项目感兴趣，如游泳、瑜伽等；而老年人可能会对具有一定的养生价值并且激烈程度不高的运动项目产生兴趣，比如太极拳、武术等。只有对某个项目或者锻炼内容感兴趣了，才能积极主动地参与锻炼，获得预期的效果。

需要注意的是，虽然良好的体育兴趣能有效激发人们参与体育锻炼的积极性，但这种积极性并不是一成不变的，随着时间的推移和次数的重复，这种积极性可能会淡化甚至消失。这就要求必须要在体育兴趣的基础上，培养体育锻炼的习惯，将这一锻炼习惯贯穿于日常生活中，才能养成良好的自觉性。

（二）从实际出发原则

1. 提出依据

① 在当今社会背景下，可供人们选择的体育项目和内容越来越多，高校大学生可以依据自己的喜好任意选择适合自己的运动项目和内容，如此才能体现出体育锻炼的价值。

② 由于每一个人都是不同的，因此要依据个人不同特点和实际制定锻炼计划或方案，这样的体育锻炼才有针对性。

③ 终身体育要求锻炼者一生自觉地坚持身体锻炼，锻炼的年龄、时间、自然环境等都处在变化状态，锻炼者必须根据自己的年龄、职业、时间与大自然的变化等实际妥善安排身体锻炼的时间和选择锻炼的内容和方法，这样才能使终身体育坚持下去。

2. 贯彻要求

（1）年龄特点

人们在不同的年龄阶段，身体也处于不同的状态，比如青少年时期身体处于快速发展状态，中年时期身体处于发展完全并且比较稳定的状态，老年时期身体处于逐渐衰退的状态。在贯彻终身体育的从实际出发原则时，应该将年龄纳为考虑因素，对于高校大学生而言，要依据大学生的身心发展规律和特点制订锻炼计划。

（2）身体状况

身体状况是确定体育锻炼内容、方式和运动负荷的决定性条件，必须要在清楚自身身体状况的前提下制定合适的运动方案。比如体重过高的人群应该尽量避免选择跳绳、快跑等对膝盖伤害较大的运动，因为体重产生的压力会导致膝盖更加容易受伤；而一些患有慢性疾病的人群，比如高血压等，应该选择一些激烈程度较低的运动，在达到锻炼目的的同时又不会对身体产生较大的刺激；还有一些骨折或者肌肉拉伤的人群，应该暂时停止运动锻炼，防止损伤状况加重，利于机体恢复。

（3）职业特点

职业特点也是影响体育锻炼的重要因素。从运动量来看，不同职业的运动量不同，有的职业运动量较大，比如一些以体力劳动为主的职业；有些职业运动量较小，比如一些以脑力劳动为主的职业。从运动方式来看，不同职业的运动方式也不相同，比如有的职业需要人一直站着，如商场的销售人员等；有的职业需要人一直坐着，比如一些办公室工作等。应该分析职业特点，了解工作时人们的运动量以及运动方式等状况，再有针对性地确定运动方案，才能取得良好的运动锻炼效果。

（4）自然条件

人们在参加体育锻炼时也要考虑自然条件因素。比如我国东北地区室外的温度较低，在室外锻炼容易引发冻伤、心脑血管疾病等，而我国南方地区夏季的气温较高，在室外锻炼容易导致出汗过多、中暑等。因此，在制定运动方案时要因地制宜，符合实际。

（三）全面锻炼原则

1. 提出依据

① 人体各个器官都是联系在一起，相互影响相互制约的，单独锻炼身体的某个部位或某个器官难以取得理想的锻炼效果，因此锻炼一定要全面而周到。

② 全面锻炼有利于人体的平衡发展。大量的实践表明，人体经常锻炼的部位、器官会有明显的发展，比如肌肉增大、器官功能增强；而疏于锻炼的部位和器官则会出现"衰退"的现象，因此只专注于单一部位或者器官的锻炼是不恰当的做法。

2. 贯彻要求

（1）合理搭配训练内容

作为一名健身者，要选择合理的运动项目或内容。实际上运动项目和运动内容不同，对人体的影响也不相同，一种运动项目可能会着重影响或者发展人体的某项运动素质，但是很难促进各种运动素质的共同发展。因此，在制定运动方案时，一定要根据健身者的具体实际合理选择锻炼项目或内容。

（2）内外锻炼相结合

身体锻炼表面看是由各种明显的动作组成的肌肉活动，实际上它是由身体组织、器官和系统相互配合、共同完成的。因此，选择运动项目时，除了要考虑身体组织的需要和发展，还要了解身体内部的系统和器官，制定科学合理的健身方案。

（四）合理负荷原则

1. 提出依据

（1）有机体对运动负荷的适应性

人体在参与运动的过程中，对运动负荷具有一定的适应性。运动负荷能够刺激机体在能源物资储备、各器官系统结构和机能、神经调节机能等方面的改善，锻炼水平越高，机体能够承受的运动负荷越大，机体各器官、各系统的改善越明显。机体适应能力的增强是一个漫长的过程，必须要根据机体的实际状况，合理确定锻炼负荷。运动负荷过大或者过小，都无法达到理想的训练效果，运动负荷过大，容易造成过度疲劳甚至机体损伤；运动负荷过小，无法对机体产生足够的刺激，难以取得理想的锻炼效果。

（2）人体的超量恢复

超量恢复是指机体在承担一定的运动负荷之后，因为能量的消耗产生疲惫，但是在充足的休息和能量补充之后，机体重新恢复，在运动负荷合理的情况下，机体的恢复程度甚至会超过之前的水平的现象。获得超量恢复是运动员参加体能训练的重要目的。对于一般的健身者而言，获得超量恢复也非常重要。

2. 贯彻要求

（1）确定科学合理的运动强度

运动强度是指相同时间内运动锻炼对机体的刺激程度，人们一般用脉搏测量法来确定运动的强度。

当运动时脉搏跳动的频率为 160 次/分，则锻炼强度大约为 80%；

当运动时脉搏跳动的频率为 140 次/分，则锻炼强度大约为 70%；

当运动时脉搏跳动的频率为 120 次/分，则锻炼强度大约为 60%；

当运动时脉搏跳动的频率为 110 次/分，则锻炼强度大约为 50%。

相关研究与实践表明，一般人的运动强度在 110～160 次/分的时候，能够实现较好的运动锻炼效果；当运动强度在 50%以下时，取得的锻炼效果不明显；当运动强度在 80%以上时，则属于专业的运动训练强度，一般健身者按照这一训练强度参加运动锻炼容易出现运动损伤，因此要谨慎。

（2）确定合适的运动时间

运动时间的安排是建立在运动强度基础上的。对于青少年来说，可以结合青少年的身心发展特点，选择运动时间较短但是运动强度较大的运动方式；对于中老年人来说，可以选择运动时间较长但是运动强度较小的运动方式。对于一般的健身者而言，1.5~2小时的运动锻炼便能取得不错的锻炼效果。

（3）从身体的实际状况出发参加体育锻炼

参加体育运动锻炼的大学生，要非常重视自身的身体反应。如果运动之后身体状态良好并且运动能力有所提升，则说明当前的运动负荷比较合理；如果运动之后身体出现反常状况，则说明当前的运动负荷可能过大，不利于身体机能的发展。这时就需要依据实际情况合理地调整运动负荷。

三、"终身体育"教育理念下高校公共体育教育改革的策略

（一）建立一体化的学校体育教育体系

学校体育是终身体育的重要组成部分，一方面能够从思想上帮助人们树立终身体育的意识；另一方面能够从生理上帮助人们增强体质，发展运动技能，为终身体育发展奠定生理基础。因此，必须要重视学校体育的开展，建立合理、完整的学校体育教育体系。

科学的学校体育教育体系应该是一个分阶段的、从低到高的有机整体，学生从最基础的体育知识开始学习，到逐渐掌握更有难度的体育教学内容，中间的每一个环节都能连接在一起，并且前面环节所学的知识能够成为后面环节知识的基础，整个过程中学生的体育能力有序提升。

目前来看，我国的高校体育教学尚未形成一个上下协调、有机统一的整体。初等、中等和高等教育之间没有做好相互之间的了解调研工作，各自为政，设置的教学内容无法很好地衔接在一起，教学内容的安排上有大量重复。这种混乱的教育体系对我国高校大学生的全面发展起到了阻碍作用。

在终身体育的框架下，学校发展体育必须以学生为本，根据学生的身心发展特点，在学生成长发育的每一个阶段安排合适的体育教学内容，并且保证前后的教学内容是相互联系在一起，相互促进和发展的。

体育教师是重要的教学主体，其综合水平的高低对体育教学效果有着非常重要的影响。在体育教学体系的建设中，教师应该对教学体系有着全方位的理解和把控。从纵向角度进行分析，体育教师应该认识到终身体育的阶段性、连续性和完整性，终身体育本质上是一个有机协调的整体，在该理念的指导下，小学体育教育、中学体育教育和高中体育教育应该联合起来，统一规划，统筹考虑；从横向的角度进行分析，学校体育和竞技体育、群众体育一起，构成了我国完整的体育体系，学校体育作为体育体系中的一个重要环节，对于终身体育的发展起着重要的作用，因此我国各高校理应加强学校体育教育体系的建设，为学生形成终身体育意识和习惯奠定良好的基础。

（二）设置丰富、个性的体育组织形式

学校体育组织形式是指根据一定的指导思想、体育活动目的和教材内容以及主客观条件组织安排体育教学活动和锻炼的方式。一般来说，学校的体育教育组织形式主要包括集体教学、分组教学、个别教学等。体育教师可以依据具体的教学实际合理选择。

体育教师在选择体育组织形式时，应该在充分考虑教学内容、本校教学资源、不同阶段的学生的发展水平以及发展需要的基础上，参考学生的学习兴趣，尽量实现学校体育组织形式的多样化和特色化。

对于高校体育教育而言，各高校应以学生的发展需要和兴趣爱好等因素为参考，设置合理的体育运动项目。比如少数民族学生比较多的学校，可以开设一些民族特色体育课程；地理条件比较有特色的学校，可以开设一些具有地方特色的体育课程；针对高校学生比较容易被流行事物吸引的心理特征，可以开设一些比较流行的体育课程；面向高校女生可以开设一些瑜伽、体育舞蹈等课程，如此能帮助所有学生都能接受良好的体育教育。

（三）加强教师队伍建设、提升教师素质

在当今教育背景下，要跟上学校教育的形势，体育教师必须要转变传统的教学思想，要努力提升自身的综合素质，以适应学校教育改革的发展与要求。在具体的体育教学过程中，体育教师应该采用丰富多彩的教学形式和教学方法，引导学生参与到体育教学的过程中，将学生从被动、消极

的知识接收者，转变为积极、主动的知识探究者，如此才能有效地提升教学质量。

高校体育教育改革要十分重视体育教师的培养与发展，将教师的综合素质和专业能力发展为重点，建立起一支高素质的体育教师人才队伍。从学校方面说，应该将促进教师的发展作为学校工作的一项重要内容，从资金、时间上为教师发展提供支持，为教师创造各种进修学习、交流培训的机会。从教师个人来说，应该严格要求自己，坚持终身学习，积极参加职业培训、持续接收最新行业知识、继续进行深造等。只有建立起一支强大的体育教师队伍，每一名体育教师都具备出色的专业水平，我国的高校体育教育才能获得进一步发展。

第四节　健康中国视域下高校公共体育教育的改革发展

"健康第一"指导思想基于健康概念的演化，力求从身体、心理、社会适应和道德等方面促进学生身心全面的健康[①]。高校体育教学需要"健康第一"教学理念的指导，在课程中反复强调体育运动训练与教学对学生身体技能和素质的有利影响。贯彻"健康第一"教育理念时需要注意以下方面的要求。

一、注重技术教学与健康教育的结合

大量的实践表明，具备良好的技战术水平能在很大程度上提升学生参与运动的积极性，有助于养成良好的运动习惯。传统的体育教学单单注重运动技术的传授，忽视了基本的健康教育。但实际上，向学生传授健康知识必不可少，相比之下，健康教育的意义超过技术教学。学生只有具备了一定的健康知识、常见的锻炼方法，才能科学合理地参加体育锻炼和各种活动。

现代体育教学重点关注学生对健康知识、锻炼方法的掌握情况，培养学生的运动习惯。各高校在体育教学过程中，不仅传授体育相关技术、战术知

---

① 辛利，刘娟. 对学校体育"健康第一"指导思想的思考 [J]. 体育学刊，2013，20（5）：8-11.

识，而且教授基本的健身知识和营养、卫生知识，加强体育运动教学与健康保健的结合，如此推动学生全面素质的发展。

在具体的体育教学中，体育教师需要在体育教学实践中有意识加强对学生基础知识的指导，包括营养和卫生知识及运动伤病的预防与治疗等。在日常教学活动的开展过程中，需要时刻注意学生的心理状况，在必要的时候对学生进行心理疏导、心理健康教育，促进学生的全面发展。在安排体育课的课程内容时，需要安排好运动负荷，还可以采取各种游戏的形式以激发学生学习的积极性，帮助学生养成自觉参加体育锻炼的习惯和意识。

二、培养与提升学生的健康意识

在学校体育教育中培养学生的健康意识是非常重要的。学生只有具备健康意识，才有可能积极主动地参加体育运动。教师应该根据学生身心发展的规律、特点，结合本校的实际状况制定出有针对性的教学大纲，选择合适的体育训练教材，组织好体育教学与训练活动，在教学活动中培养学生的健康意识，促使学生自觉参加体育运动。

三、体育教学与社会生活教育紧密结合

在学校中开展体育教学活动，通常情况下会考虑场地、器材、教师情况、学生情况等各方面内容，但很少涉及学生在进入社会后的锻炼情况、运动项目的选择。受场地、人员限制的影响，有很多学生子啊步入社会后就很少参加体育活动了，这不是一种好现象。

"健康第一"的教育理念强调必须以学生为主体，强化体育项目为我所用的实际价值。对每个学生而言，生理、心理状况会不断发生变化，体育活动的内容与方法也会不断变化。学生在进入社会后需要保持体育锻炼的习惯，努力参加各种体育活动，当然体育这一项运动在社会层面的普及程度还是相对较好的，这为二者的结合提供了良好的条件。

学校体育教育工作者需要放眼社会，多开设一些社会常见的、受欢迎的体育运动项目，为学生的终身体育创造条件。与此同时，在高校体育教学中帮助学生寻找最擅长、最感兴趣的运动项目，帮助学生独立参与体育锻炼活动。

四、促进学生的全面健康

在高校体育教育中对学生进行身体健康的教育，有着一定的特殊性，它与竞技体育有着很大的区别。过去，体育教育的目的是增强学生体质，而体育教师在教学过程中只注重"尖子生"的培养，对先天体质较差的学生缺乏关注，认为这些学生没有必要增强体质，对其进行不走心的"放养"。

伴随着学校体育教育的改革，新课程标准的指导思想发生了变化，体育教学的最终目的在于让每位学生拥有健康的体魄，养成健康的生活方式。在体育教学的实施过程中，需要注重对学生思想品德的培养，促进每一名学生的发展，促进学生身体素质与体育运动技能的同步发展。

参考文献

［1］王冬梅. 高校体育教育创新发展研究［M］. 长春：吉林人民出版社，2021.

［2］孙丽娜. "以人为本"高校体育教育研究［M］. 天津：天津科学技术出版社，2020.

［3］吴广，冯强，冯聪. 高校体育管理体制与教学改革研究［M］. 北京：研究出版社，2020.

［4］张义飞，李兆元，任楠. 高校体育理论与健康管理教程［M］. 北京：中国石化出版社，2020.

［5］张松奎. 体育教育学［M］. 徐州：中国矿业大学出版社，2013.

［6］吴峰山. 体育教育学［M］. 太原：山西人民出版社，2008.

［7］陈洁，宋文利. 体育教育学［M］. 北京：北京师范大学出版社，2012.

［8］程辉. 体育新课程背景下学校体育理论研究［M］. 北京：科学出版社，2016.

［9］陈炜，黄芸. 体育教学与模式创新［M］. 北京：光明日报出版社，2016.

［10］陈玉群. 体育教学改革与发展历程的动态研究［M］. 北京：光明日报出版社，2016.

［11］张楠. 吉林省普通高校体育教学现状及对策研究［D］. 长春：吉林体育学院，2016.

［12］陈轩昂. 新时期高校体育教学的改革与发展［M］. 北京：航空工业出版社，2017.

［13］贾振勇. 体育教学改革与实践应用探究［M］. 北京：新华出版社，2018.

［14］曹丹. 体育健康与体育教育学研究［M］. 天津：天津科学技术出版社，2018.

［15］夏越. 现代高校体育教学研究［M］. 北京：北京理工大学出版社，2019.

［16］刘佳，杨辉. 体育课程教学论［M］. 延吉：延边大学出版社，2017.

［17］张振华. 体育教学理论与方法［M］. 北京：北京师范大学出版社，2016.

［18］廖建媚. 高校公共体育教学环境研究［M］. 厦门：厦门大学出版社，
2019.

［19］姜文晋，唐晶，李秀奇. 创新教育背景下高校公共体育创新路径和科学
管理研究［M］. 徐州：中国矿业大学出版社，2018.

［20］乔峰. 大学体育运动训练课程改革［J］. 体育世界（学术版），2018（4）：
141+137.

［21］王棣. 素质教育视野下的大学体育教学改革实践路径研究［J］. 当代体
育科技，2021，11（33）：55-57.

［22］俞昌春. 论综合性体育教学模式的有效性［J］. 铜陵职业技术学院学报，
2021，20（4）：96-100.

［23］辛利，刘娟. 对学校体育"健康第一"指导思想的思考［J］. 体育学刊，
2013，20（5）：8-11.

［24］崔娟."健康第一"教育理念下的体育与健康教学定位分析［J］. 产业
与科技论坛，2021，20（4）：254-256.

［25］赵微微. 互联网时代下高校体育教学模式探索［J］. 黑龙江科学，2021，
12（19）：82-83.

［26］申明. 高校体育教学模式设计中的影响因素与对策探析：以建构主义理
论为指导［J］. 体育科技，2018，39（1）：112-113.

［27］周春娟. 高校体育教学的影响因素分析与改革探索［M］. 青岛：中国
海洋大学出版社. 2018.

［28］荣霁. 当代高校体育教育管理原理与模式创新：评《当代体育教育学与
管理研究》［J］. 中国教育学刊，2021（3）：120.

［29］黄军. 高校体育专业课程结构设置及教学体系创新［J］. 食品研究与开
发，2021，42（13）：249.

［30］张玉炼. 高校体育教师专业化发展路径构想［J］. 继续教育研究，2021
（9）：38-41.

［31］谭详列. 高校体育教学创新模式构建途径［J］. 佳木斯职业学院学报，2020，36（7）：143-144.

［32］于晓红. 体育微课程在大学体育教学中的创新设计与应用［J］. 武术研究，2018，3（9）：139-141.

［33］孔硕. "健康第一"指导思想下的学校体育改革［J］. 时代教育，2015，（23）：26.